죽기 전에 꼭
먹어봐야 할
디저트 100가지

죽기 전에 꼭 먹어봐야 할 디저트 100가지

초판 1쇄 인쇄 2015년 1월 20일 초판 1쇄 발행 2015년 1월 30일

지은이 권다현, 길지혜 펴낸이 연준혁

제작 이재승

펴낸곳 (주)위즈덤하우스 출판등록 2000년 5월 23일 제13-1071호
주소 경기도 고양시 일산동구 정발산로 43-20 센트럴프라자 6층
전화 031)936-4000 팩스 031)903-3893 홈페이지 www.wisdomhouse.co.kr

종이 월드페이퍼 인쇄·제본 (주)현문 표지가공 이지앤비

값 13,000원
ISBN 978-89-98010-34-8 13590

* 잘못된 책은 바꿔드립니다.
* 이 책의 전부 또는 일부 내용을 재사용하려면
  사전에 저작권자와 (주)위즈덤하우스의 동의를 받아야 합니다.

국립중앙도서관 출판시도서목록(CIP)

죽기 전에 꼭 먹어봐야 할 디저트 100가지 / 지은이: 권다현, 길지혜.
-- 고양 : 위즈덤하우스, 2015
   p. ;   cm
권말부록: 디저트 카페와 대표 메뉴
ISBN 978-89-98010-34-8 13590 : ₩13000

미식[美食]
디저트[dessert]
594.019-KDC6
641.013-DDC23   CIP2015001442

Right Now Dessert

죽기 전에 꼭 먹어봐야 할 디저트 100가지

권다현 · 길지혜 지음

위즈덤스타일

차례

Right Now Dessert
part 1 프리미엄 디저트의 진수

부드러운 생크림에 상큼한 딸기가 쏙쏙 **생크림딸기케이크** _퐁포네뜨 • 10

100퍼센트 우유생크림에 상큼한 딸기가 듬뿍 **딸기쇼트케이크** _히루낭코 • 14

커피시럽 듬뿍 넣은 시트에 바삭한 초콜릿크런치 **티라미스롤** _쉐즈롤 • 18

고소하고 부드러운 치즈가 듬뿍 **레어치즈케이크** _라미띠에 • 22

신선한 당근채에 버터크림이 가득 **당근케이크** _빌리엔젤 • 26

바로 구워 따끈따끈 부드러워요 **오븐치즈케이크** _몹시 • 30

고소한 피칸을 듬뿍 올린 악어파이 **엘리게이터** _웨스트진 • 34

영양만점 블랙올리브가 송송 **푸가스올리브** _퍼블리크 • 38

궁극의 달콤함으로 무장한 초콜릿의 향연 **초콜릿팬케이크** _더 플라잉팬 블루 • 44

담백한 여운의 맛 **화이트치아바타** _폴앤폴리나 • 48

부드럽게 녹아내리는 꿈같은 맛 **우유크림롤케이크** _라두스 • 52

각종 견과류와 크랜베리가 듬뿍 **후류이아르꼬르쥬** _라뜰리에 모니크 • 58

고운 색깔의 쫀득쫀득한 무지개 **레인보우벨벳케이크** _안티크코코 • 64

내 입에서 쉬어가는 달콤한 디저트 **크렘당주** _오뗄두스 • 70

디저트는 달아야 맛있다 **생딸기케이크** _쇼콜라윰 • 76
인스턴트의 반대말 **깜빠뉴** _르뱅 베이커리 • 82
완벽한 레시피 **우유크림빵** _브레드랩 • 86
다크초콜릿의 부드러움과 쌉싸름함이 공존 **가토쇼콜라** _플라워앤 • 90
향긋한 당근채에 크림치즈가 가득 **캐릿쁘띠** _오페뜨 • 96
자유의 언덕 8번지 **초코케이크** _지유가오카 핫초메 • 100
나이테가 보이는 달콤한 나무디저트 **바움쿠헨** _패션 5 • 104

Right Now Dessert
part 2 우리 동네 맛자랑

촉촉하고 쫄깃하고 쫀득한 프랑스 정통 빵 **크루아상** _라몽떼 • 112
싱싱한 산딸기가 오밀조밀 **바닐라생크림케이크** _키다리 아저씨 • 118
100퍼센트 생크림롤케이크 **오리지널크레마롤** _크레마롤 • 122
유행보다 힘센 추억의 맛 **단팥빵** _장 블랑제리 • 126
사계절 즐길 수 있는 딸기 컬렉션 **딸기타르트** _나눔과 베품 • 130

달달한 소보로와 상큼한 크림치즈의 환상 만남 **어니언크림치즈슈곰보빵** _효자베이커리 • 136

상큼달콤 색다른 바게트 **크랜베리바게트** _오월의 종 • 140

소박한 시골빵의 매력 **깜빠뉴** _슬로우브레드에버 • 144

달짝지근 고구마의 기특한 변신 **고구마만주** _피터팬제과 • 148

담백한 바게트에 달콤한 연유가 듬뿍 **먹물연유바게트** _코베이커리 • 154

촉촉한 크루아상 위에 아몬드가 쏙쏙 **아몬드크루아상** _토미즈베이커리 • 160

쫄깃한 빵 속에 달콤한 크림치즈가 듬뿍 **달콩(크림치즈빵)** _노아베이커리 • 164

Right Now Dessert
part 3 이보다 더 달콤할 순 없다

신비의 과일로 만든 건강한 빵 **무화과빵** _뿔라야 • 170

쫀득쫀득한 모찌와 다양한 맛의 조화 **아이스모찌** _모찌크림 • 174

쫀득한 식빵과 달달한 메이플의 환상 마블링 **메이플식빵** _카페두다트 • 178

입 안 가득 번지는 부드러움 **크림빵** _만나역 • 184

쫄깃하게 즐기는 진한 초콜릿의 유혹 **브라우니** _어쿠스틱 • 190

쫄깃하게 씹히고 묵직하게 맛있다 **베이글** _홉홉베이글 • 196

고소한 파이와 부드러운 치즈케이크의 만남 **라즈베리치즈케이크파이** _케빈즈파이 • 200

하트 모양만큼이나 사랑스러운 빵 브레첼 _악소 • 206

달콤하고 부드럽다 카스텔라 _키세키 • 210

프랑스 프리미엄 디저트의 진수 마카롱과 이스파한 _마카롱 • 216

일본 정통 베이커리의 그 맛 카레빵 _도쿄빵야 • 222

미국 가정식 홈메이드 컵케이크 초콜릿 벌스데이 & 초콜릿 말차 _세리봉봉 • 226

Piece of cake, peace of mind 바나나크림파이 & 당근케이크 _피스피스 • 230

달콤 쌉싸름한 초콜릿 사랑방 퐁당오쇼콜라 _주리스 쇼콜라 • 234

컵케이크 같은 달콤함 타르트 & 파이 _엘리스파이 • 238

정통 포르투갈 에그타르트를 만나다 에그타르트 _파스텔 드 나타 • 242

파이와 만난 플루츠 후레즈타르트 & 바나나크런치 _레트로나파이 • 248

50센티미터 달콤한 말발굽 추로스 _스트릿츄러스 • 252

정성이 담긴 안심 간식 도너츠 _하라도너츠 • 256

부록 지역별 디저트 카페와 대표 메뉴 • 260

맛깔스런 재료와 화려한 이름을 자랑하는 프리미엄 디저트,
호텔 베이커리 부럽지 않은 동네빵집의 특급 디저트,
담백하면서 영양까지 풍부한 건강 디저트…

Right Now Dessert **part 1**

프리미엄 디저트의 진수

부드러운 생크림에 상큼한 딸기가 쏙쏙
생크림딸기케이크

퐁포네뜨
POMPONNETTE

하루에도 서너 개의 가게가 문을 닫고 또 문을 여는 홍대에서 무려 십 년 동안 한자리를 지킨 '퐁포네뜨(Pomponnette)'는 그만큼 믿고 먹는 디저트 카페 중 하나다. 프랑스어로 '작고 귀여운'이란 뜻의 이름처럼 카페 내부는 편안한 쿠션과 아기자기한 소품들로 꾸며져 있다. 하지만 이들보다 먼저 눈길을 끄는 것은 갖가지 모양의 케이크와 쿠키, 초콜릿들인데 그중에서도 단연 인기가 좋은 건 부드러운 생크림과 신선한 딸기가 어우러진 생크림딸기케이크.

퐁포네뜨의 생크림딸기케이크는 별다른 꾸밈이 없다. 촉촉한 시트 사이사이에 상큼한 딸기와 우유생크림을 듬뿍 넣은 게 전부다. 단순해 보이지만 그만큼 좋은 재료와 신선한 생크림을 사용하기 때문에 깔끔하면서도 본연의 풍성한 맛을 지녔다.

어느 봄날의 잘 익은 딸기를 한 입 베어 물었을 때 느껴지는 즐거운 기분을 케이크로 표현하고 싶었다는 파티시에의 바람이 맛으로 고

www.pomponnette.co.kr

주소 및 전화번호
서울시 마포구 와우산로25길 11, 02-337-9006

영업시간
10:30~23:00(일요일 휴무)

대표 메뉴 및 가격
생크림딸기케이크(4,500원) 레어치즈케이크(4,500원)

스란히 전해진다. 입안에 떠 넣는 순간 사르르 녹아 사라지는 생크림은 특히 인상적이다.

잠시 카페에 앉아 있는 동안에도 전화로 케이크를 주문하거나 직접 사들고 가는 단골손님들이 줄을 이을 만큼 이곳의 생크림딸기케이크는 특별한 날과도 잘어울린다.

퐁포네뜨의 레어치즈케이크

초코잼식빵과 오렌지마아말레이드잼식빵

퐁포네뜨의 앙증맞은 인테리어

100퍼센트 우유생크림에 상큼한 딸기가 듬뿍
딸기쇼트케이크
―

히루냥코
HIRUNYANKO

주소 및 전화번호
서울시 마포구 잔다리로3안길 44, 02-322-7596

영업시간
12:00~23:00 (일요일 12:30~22:00, 월요일 휴무)

대표 메뉴 및 가격
딸기쇼트케이크(5,500원)

'히루냥코(Hirunyanko)'는 일본어로 '낮 고양이'를 뜻한다. 햇살 따뜻한 오후의 고양이처럼 뭔가 나른하면서도 따뜻한 분위기를 간직한 이곳은 오래된 주택을 개조해 더욱 아늑한 느낌이다. 히루냥코에는 '샤로'라는 이름의 샴고양이가 살고 있는데, 고양이 특유의 우아한 몸짓으로 카페 안을 아슬랑거리는 모습이 한 폭의 그림 같다. 애교가 많고 낯선 사람들과도 친근하게 어울려 샤로 때문에 찾아온다는 손님이 있을 만큼 히루냥코의 마스코트로 통한다. 유명 맛집 블로그인 'Kosmose Gourmet Circle'에서 꼭 한번 먹어 봐야 할 일본식 디저트 카페로 꼽을 만큼 맛 또한 훌륭하다.

히루냥코의 마스코트인 고양이 샤로

담백하면서도 상큼한 맛이 일품인
히루냥코의 딸기쇼트케이크

로맨틱한 꽃무늬 접시에 담아내는 딸기쇼트케이크

히루냥코에선 제철 딸기를 이용한 딸기쇼트케이크를 11월부터 이듬해 5월까지 한정적으로 판매하고 있는데, 일본식 시트에 100퍼센트 우유생크림과 딸기를 푸짐하게 넣어 담백하면서도 상큼한 맛이 일품이다. 익반죽을 이용해 쫀득쫀득한 식감을 강조한 시트는 씹을수록 부드러운 맛이 특징이다. 생크림도 퐁포네뜨와 비교하면 조직이 좀 더 단단하고 우유의 풍미가 강하다. 여자들이 좋아하는 로맨틱한 꽃무늬 접시에 담아내기 때문에 입과 눈이 함께 즐겁다.

커피시럽 듬뿍 넣은 시트에 바삭한 초콜릿크런치
티라미스롤

쉐즈롤
CHEZ-ROLL

blog.naver.com/mc_onesun

주소 및 전화번호
서울시 마포구 와우산로23길 20-28, 070-8152-0401

영업시간
11:00~22:00(매주 월요일 휴무)

대표 메뉴 및 가격
티라미스롤케이크(미니사이즈 4,000원)

촉촉한 스펀지케이크를 돌돌 말아 부드러운 생크림이나 달콤한 잼 등으로 속을 채운 롤케이크는 양과자의 기본으로 불릴 만큼 우리에겐 익숙한 메뉴다. 그런데 최근 풍부한 맛과 향의 우유생크림을 듬뿍 넣은 일본식 롤케이크가 인기를 끌면서 다양한 종류의 프리미엄 롤케이크들이 선보이고 있다. 그중에서도 '쉐즈롤(Chez-Roll)'은 시트와 생크림의 비율이 적당히 어우러져 롤케이크의 새로운 강자로 불리고 있다.

서교초등학교 뒤편의 좁고 한적한 길가에 자리한 쉐즈롤은 카페를 열기에 그리 좋은 목(사실 이곳은 오랫동안 문방구가 있던 자리다)이 아니다. 공간도 아담해서 주방과 테이블 대여섯 개가 전부다. 그럼에도 오픈하자마자 대부분의 자리가 채워진다. 롤케이크를 포장해 가려는 손님들도 심심찮게 이어진다. 이처럼 많은 사람들의 입맛을 사로잡은 쉐즈롤이지만 그 맛은 오히려 기본에 충실했다는 느낌이다.

한 제과점에서 동료로 처음 만났다는 쉐즈롤의 두 주인은 함께 일본을 여행하던 중 우연히 맛본 롤케이크에 홀딱 반해버렸다. 그때부터 최상의 롤케이크를 만들기 위한 자신들만의 레시피를 찾기 위해 다양한 시도와 테스트가 이어졌다. 특히 시트와 생크림의 비율에 대해 오랫동안 고민했다는 이들은 1:1일 때 시트의 촉촉함과 생크림의 부드러움이 가장 잘 어울린다고 판단했다. 여기에 한국인들이 좋아하는 녹차와 초콜릿, 커피 등 다양한 재료들을 섭렵했다. 그 결과 지금의 쉐즈롤이 탄생했다.

롤케이크를 만들 때 이들이 가장 중요시하는 건 바로 반죽이다. 일본식 롤케이크는 밀가루보다 계란을 더 많이 사용하기 때문에 그날그날 날씨에 따라 반죽 상태가 천차만별이다. 때문에 항상 온도와 습도를 꼼꼼하게 체크한다. 밀가루와 계란은 모두 국내산을 이용하고 계란은 영양란을 고집한다. 손님들이 최상의 롤케이크를 맛볼 수 있도록 당일 생산한 롤케이크는 당일에 모두 판매하고, 포장을 할 때는 한 조각을 주문하더라도 아이스팩을 함께 넣어 생크림이 녹거나 변

시트와 생크림의 비율이 잘 어우러진 쉐즈롤의 롤케이크

질되는 것을 방지한다.

쉐즈롤의 인기 메뉴 중 하나인 티라미스롤은 커피시럽을 듬뿍 넣은 시트에 쉐즈롤만의 부드러운 생크림이 어우러져 특별한 맛의 조화를 이룬다. 커피시럽은 매일 아침 핸드드립 커피를 직접 내려 만들기 때문에 향이 깊고 진하다. 생크림 속에는 발로나초콜릿으로 코팅한 크런치가 쏙쏙 박혀 있어서 바삭하게 씹히는 맛이 색다르다. 시트는 다쿠아즈처럼 겉은 바삭하고 속은 촉촉하게 구워내 다양한 식감을 즐길 수 있다. 또 시트를 뒤집어 말아 다크브라운의 시트와 화이트의 생크림이 어우러진 색의 조합도 먹음직스럽다. 단품으로 먹어도 느끼하지 않고 커피를 곁들이면 풍미가 배가된다.

오리지널

티라미스롤

쉐즈롤의 롤케이크들

쉐즈롤의 인테리어

고소하고 부드러운 치즈가 듬뿍
레어치즈케이크

―

라미띠에
LAMITIÉ

치즈는 가장 일반적인 디저트 재료인 동시에 그 맛과 향, 질감 등이 워낙 다양해 케이크숍마다 조금씩 다른 형태의 치즈케이크를 선보인다. 때문에 치즈케이크는 파티시에의 개성을 엿볼 수 있는 가장 대표적인 품목이기도 하다. 일산에 자리한 '라미띠에(L'amitié)'는 치즈 무스케이크를 만드는 솜씨가 탁월하다. 프랑스 정통 스타일의 무스케이크로 치즈 본연의 풍부한 맛을 그대로 살려 마니아를 자처하는 단골손님들도 많다.

라미띠에는 프랑스어로 우정을 뜻한다. 화사한 미소로 손님들을 맞는 젊은 여주인 둘이 영원한 우정과 그 우정처럼 달콤한 케이크를 함께 만들자는 의미에서 지은 이름이다. 주방과 카페를 오가며 서로를 살뜰하게 챙기는 두 친구의 모습처럼 그들이 구워내는 케이크도 하나같이 사랑스럽다.

www.lamitie.co.kr

주소 및 전화번호
경기도 고양시 일산동구 무궁화로 11 한라밀라트 B동 105호, 031-913-0932

영업시간
10:00～21:00(주말 10:00～22:00)

대표 메뉴 및 가격
레어치즈케이크(조각 6,000원) 쇼콜라케이크(조각 6,000원)

파리 '르 꼬르동 블루(Le Cordon Bleu)' 출신의 파티시에가 만드는 케이크 전문점으로 유명세를 타게 된 라미띠에는 재료 본연의 특징을 풍부하게 살리면서 고도의 기술로 섬세한 맛을 표현하는 프랑스 정통 스타일의 디저트를 선보인다. 그 대표적인 메뉴가 바로 레어치즈케이크인데, 일종의 무스케이크로 부드럽게 녹아내리는 크림치즈와 그윽한 풍미가 일품이다. 다른 무스케이크처럼 과일이나 초콜릿을 곁들이는 대신 크림치즈 본래의 맛과 향을 최대한 살리고 거품처럼 녹아내리는 특유의 식감에 공을 들였다. 대신 고소한 과자를 바닥에 깔고 상큼한 산딸기잼을 살짝 얹어서 느끼함을 잡아주고 다양한 맛과 식감을 즐길 수 있도록 했다. 조각케이크로도 판매하지만 단골 손님들은 특별한 날을 위한 홀(whole)케이크로 레어치즈를 주로 선택한다. 커피나 홍차, 와인 등 어떤 음료와도 궁합이 잘 맞는 데다 입

라미띠에의 레어치즈케이크

라미띠에의 쇼콜라케이크

안에서 사르르 녹는 질감이 로맨틱한 기분까지 들기 때문이다.

달콤한 무스케이크를 원한다면 쇼콜라케이크도 추천 메뉴다. 진한 다크초콜릿의 깔끔한 맛과 상큼한 체리가 어울려 기분 좋은 달달함을 선사한다. 역시 시트보다는 무스의 양이 더 많아서 한 입 떠 넣는 순간 부드럽게 녹아내린다. 특히 커피와 곁들이면 섬세한 맛의 조화를 이룬다.

라미띠에는 재료 선택이 까다로운 편이어서 모든 메뉴에 항생제를 사용하지 않은 유정란을 고집하고 천연생크림과 우유버터를 이용한다. 또 모든 케이크는 당일 생산과 당일 판매, 그리고 파티시에 이외의 손을 빌리지 않기 때문에 하루에 생산하는 양이 극히 소량이다. 다양한 케이크를 맛보려면 오후 3시 이전에 찾는 것이 좋고 홀케이크는 100퍼센트 예약제로만 판매한다.

라미띠에 내부 모습

신선한 당근채에 버터크림이 가득
당근케이크

빌리엔젤
BILLY ANGEL

주소 및 전화번호
서울시 마포구 와우산로 103, 02-323-0020

영업시간
13:00~23:00(일요일 13:00~21:00)

대표 메뉴 및 가격
당근케이크(조각 6,500원)
레드벨벳케이크(조각 6,000원)

맛도 좋고 몸에도 좋은 당근을 듬뿍 넣은 당근케이크는 커피와도 환상궁합을 이루는 디저트 중 하나다. 신선한 당근채와 씁쌀한 계핏가루가 어우러진 시트에 부드럽고 리치한 크림치즈를 듬뿍 올려 다양한 맛과 향, 식감을 즐길 수 있으니 여성들에게 특히 인기다. 트렌디한 디저트 편집숍으로 유명한 '빌리엔젤(Billy Angel)'은 최상의 재료들로 만든 고급 당근케이크로 입소문이 자자하다.

국내에선 '미녀삼총사'란 제목으로 더 익숙한 영화 〈Charlie's Angels〉는 각기 다른 재능과 실력을 겸비한 세 명의 미녀가 한 팀을 이뤄 스펙터클한 액션을 선보인다. 빌리엔젤 또한 '빌리'라는 친구의 제안으로 시작된 신개념 디저트 편집숍으로 프랑스의 르 꼬르동 블루와 IMBP, 일본 동경제과학교 출신의 실력파 베이커들이 함께 모여 저마다의 개성을 담은 케이크와 쿠키를 굽는다.

오너 파티시에 없이 수평 구조의 협업이 이뤄지는 만큼 빌리엔젤에선 더욱 창의적인 레시피와 아이디어가 돋보이는 신제품들이 수시로 쏟아져 나온다. 바나나의 달콤함에 코코넛의 풍부한 식감을 곁

당근을 듬뿍 넣은 빌리엔젤의 당근케이크

빌레엔젤 내부 모습

들인 바나나코코넛케이크와 겹겹이 쌓인 캐러멜시트에 캐러멜치즈크림, 캐러멜크림을 듬뿍 올려 아찔한 단맛을 선사하는 캐러멜케이크 등 다른 곳에선 맛보기 어려운 신선한 메뉴들이 가득하다.

  여러 명의 파티시에들이 함께 케이크를 굽지만 이들이 추구하는 빌리엔젤의 모습은 하나다. 신선한 재료들로 정성껏 구운 케이크를 거품 없는 합리적인 가격으로 소비자들에게 제공하는 것. 재료 하나를 고를 때도 아이들이 먹어도 안심할 수 있을지 한 번 더 고민한다. 때문에 모든 케이크와 쿠키에 인공첨가물을 사용하지 않는 것은 물론, 그날 구워서 모두 판매하기 때문에 방부제가 전혀 들어가지 않는다. 빌리엔젤의 시그너처 케이크 중 하나인 레드벨벳케이크는 특유의 붉은색을 내기 위해 인공색소 대신 라즈베리와 석류를 넣었고, 크레이프케이크는 신선한 우유생크림을 사용한다. 입맛보다 눈길을 먼저 사로잡는 화려한 데커레이션이 없다는 것도 빌리엔젤 케이크들의 특징이다.

빌리엔젤의 인기 메뉴인 당근케이크도 아낌없이 들어간 당근채와 풍부한 식감의 시트, 진한 크림치즈가 어우러졌음에도 유명 디저트 숍들과 비교해 가격은 오히려 저렴한 편이다. 게다가 한 조각이면 속이 든든해질 만큼 양도 푸짐하다. 최고급 디저트를 누구나 부담 없이 즐길 수 있도록 하자는 '엔젤'들의 바람을 그대로 담아낸 것이다.

빌리엔젤의 인기 케이크들은 오후면 모두 동이 나기 때문에 가능한 한 일찍 매장을 찾는 게 좋다. 또 모든 케이크는 최소 2~3일 전에 예약하면 홀(whole) 구매가 가능하며 가격대도 3만~4만 원으로 일반 프랜차이즈 베이커리와 비슷하다. 또 발렌타인데이나 크리스마스 등 시즌에 따라 선보이는 한정판 케이크들은 특별한 맛과 모양으로 마음을 빼앗는다.

신선한 당근채와 진한 크림치즈가 어우러진 빌레엔절의 인기 메뉴 당근케이크

바로 구워 따끈따끈 부드러워요
오븐치즈케이크

몹시
MOBSSIE

주소 및 전화번호
서울시 마포구 와우산로29길 48-29.
070-8162-0920

영업시간
14:00 ~ 23:00(매주 화요일 휴무)

대표 메뉴 및 가격
바로 구운 오븐치즈케이크(6,800원)
바로 구운 베리베리치즈케이크(7,000원)

주문과 동시에 갓 구워져 나오는 진하고 부드러운 초콜릿케이크로 입소문이 자자한 홍대 '몹시(Mobssie)'가 이번엔 오븐치즈케이크만을 전문으로 하는 2호점을 열었다. 역시 주문과 함께 오븐에서 바로 구워내는 몹시 스타일의 치즈케이크는 짙은 풍미와 독특한 식감으로 큰 인기를 끌고 있다. 치즈 본연의 깊고 풍부한 맛이 앤티크한 분위기의 인테리어와도 잘어울린다.

몹시 케이크의 가장 큰 특징은 주문 즉시 오븐에 넣어 굽기 때문에 집에서 갓 만든 따끈따끈한 가정식 케이크의 맛을 그대로 느낄 수 있다는 것이다. 그 어떤 진수성찬보다 이제 막 지은 따뜻한 밥이 가장 맛있는 것처럼 방금 구운 치즈케이크는 그 자체로 충분히 매력적이다. 10여 분의 기다림이 오히려 달콤하게 느껴질 정도랄까.

크림치즈와 바닐라를 듬뿍 넣어 차갑게 즐기는 뉴욕식 치즈케이크에 익숙한 이들이라면 몹시의 오븐치즈케이크는 첫인상부터 새롭게 느껴질 것이다. 같은 크림치즈를 베이스로 하고 있지만 오븐에서 갓 구워내 고소한 향이 일품이다. 겉은 바삭하고 속은 스푼으로 떠먹어

주문 즉시 오븐에 넣어 굽는 몹시의 오븐치즈케이크

야 할 만큼 촉촉하고 부드러워서 진한 치즈의 풍미를 제대로 느낄 수 있다. 양도 생각보다 푸짐한 편이라 혼자 먹으면 포만감마저 느껴질 정도다. 치즈향이 진하다 보니 커피나 홍차, 상큼한 과일에이드와도 잘 어울린다. 특히 몹시에서 직접 만든 아이스크림은 치즈케이크와 환상궁합을 이루는데 향긋한 이스파한과 홍차 아이스크림, 시원한 레몬 소르베가 느끼함을 잡아줘 깔끔하게 마무리해준다. 진한 치즈향이 부담스럽다면 싱그러운 베리류를 듬뿍 올린 베리베리치즈케이크를 추천한다.

지난 2008년 홍대 어느 한적한 골목길에 처음 문을 연 몹시는 눈길을 끄는 요란한 간판 하나 없이 입소문을 타기 시작했다. 오픈 시간 전부터 줄이 늘어설 만큼 인기를 끌게 된 것은 이곳에서 선보이는 상상 이상으로 진한 초콜릿케이크 덕분. 달달한 초콜릿케이크에 익숙

했던 사람들에게 카카오 본연의 깊고 씁쌀한 맛은 새롭고 또 매혹적이었다. 여기에 주문하면 바로 오븐에 넣어 구워내는 뜨거운 초콜릿 케이크는 하루 종일 입가에서 초콜릿 향이 느껴질 만큼 진하고 부드러웠다.

프랑스에서 전문 요리학교를 졸업한 유학파 출신의 주인장은 초콜릿에 대한 각별한 애정 때문에 프랑스 요리 대신 초콜릿카페를 열었다. 뭔가 특별한 뜻이 숨겨져 있을 것 같은 몹시란 이름도 사실은 우리말을 그대로 옮긴 것이다. 몹시란 부사가 지닌 남다른 열정과 애정을 디저트에 담고 싶었기 때문이다. 치즈를 테마로 한 2호점은 2012년에 오픈했다. 1호점과 마찬가지로 치즈 본연의 깊고 진한 맛, 몹시만의 개성 있는 레시피를 만날 수 있어 더욱 특별한 공간이다.

몹시 내부 모습

고소한 피칸을 듬뿍 올린 악어파이
엘리게이터
―

웨스트진
WEST GIN

악어를 뜻하는 무시무시한 이름과 달리 달콤한 피칸잼이 가득 들어간 엘리게이터는 페이스트리를 연상시키는 바삭바삭한 식감 때문에 남녀노소 누구나 맛있게 즐길 수 있는 파이 중 하나다. 한국인의 입맛에 꼭 맞는 엘리게이터를 개발해 상표등록까지 마친 '웨스트진(West Jin)' 베이커리는 이 독특한 악어파이의 원조격으로 불린다. 도쿄식 만주를 함께 넣은 세트 메뉴는 선물용으로도 인기가 좋다.

빵을 좋아하는 이들이라면 강남역의 랜드마크로 불리던 '뉴욕제과'를 기억할 것이다. 강남역에서 만나자는 것은 곧 뉴욕제과 앞에서 만나자는 의미로 받아들여질 만큼 유동인구가 많았고, 젊은 연인들에겐 데이트 명소로 중년 세대에겐 옛 추억과 향수의 공간으로 사랑받았다. 지금은 화려한 대기업 패션브랜드가 그 자리 차지하고 있지만 여전히 옛 빵집의 달콤한 향기를 그리워하는 이들이 많다. 일산에 본점이 있는 웨스트진은 뉴욕제과의 신화를 일궈낸 고 김봉룡 회장의 외손자인 김서영 오너파티시에가 탄생시킨 베이커리로 현재 서울과 경기 지역에 7개 매장을 운영 중이다. 그는 좋은 재료와 독창적

www.westgin.com

주소 및 전화번호
경기도 고양시 덕양구 화신로 76, 031-938-0248

영업시간
07:30~23:00 (매장마다 조금씩 다름)

대표 메뉴 및 가격
엘리게이터(5,000원) 파이밤만주(800원)
세트(엘리게이터 1개+파이밤만주 6개 9,800원)

웨스트진의 개성 넘치는 다양한 빵들

인 제품개발을 우선한 외할아버지의 뜻을 이어받아 깐깐하게 재료를 고르고 매달 새로운 메뉴를 선보인다.

웨스트진을 대표하는 상품인 엘리게이터는 20여 년 전 뉴욕제과의 장남인 외삼촌과 함께 미국 샌디에이고에서 빵 만드는 법을 배우며 개발한 제품이다. 엘리게이터를 처음 만든 이는 외삼촌이지만 기름지고 단맛이 강한 것을 한국인의 입맛에 맞춰 담백하게 바꾸고 국내 제빵계에 소개한 것은 웨스트진이 처음이다.

울퉁불퉁한 겉모양이 마치 악어의 등껍질을 연상시킨다고 하여 이름 붙인 엘리게이터는 24시간 동안 숙성시킨 60겹의 데니쉬에 미국산 피칸을 듬뿍 올려 장식한 파이다. 식감은 바삭하지만 입안에선 부드럽게 녹아 사라지는 파이 속에 진하고 달콤한 피칸잼이 겹겹이 들어 있다. 여기에 큼지막한 피칸이 어우러져 고소한 맛을 더한다. 커피보다는 홍차를 곁들이면 더욱 맛있게 즐길 수 있다. 지금은 많은 제과점에서 엘리게이터를 선보이고 있지만 웨스트진은 원조의 자부심이 남다를 수밖에 없다.

엘리게이터와 함께 세트 메뉴로 인기를 끌고 있는 도쿄 스타일의 파이밤만주는 일본의 유명 장인에게서 무보수로 일하며 배운 결과물이다. 자신만의 레시피를 절대 공개하지 않는 일본의 장인문화 때문에 어깨 너머로 어렵게 익혔지만 결과는 대성공이었다. 다른 업체들과 달리 국내산 밤만을 고집하기 때문에 손님들이 먼저 알아보고 꾸준히 찾는다. 이 외에도 담배 모양의 페이스트리 롤브레드인 시가, 쫄깃한 식감이 인상적인 츄라플 브라우니, 이스트 대신 건포도와 포도주로 천연발효한 와인브레드 등 개성 넘치는 다양한 빵을 내놓고 있다.

부드럽게 녹아 사라지는 파이 속에 진하고 달콤한 피칸잼이 겹겹이 들어 있는 웨스트진의 엘리게이터

영양만점 블랙올리브가 송송
푸가스올리브

―

퍼블리크
PUBLIQUE

주소 및 전화번호
서울시 마포구 독막로15길 19, 02-333-6919

영업시간
11:00~22:00(일요일 11:00~19:00)

대표 메뉴 및 가격
푸가스올리브(4,300원) 올리브치아바타(2,800원)
루스틱세레알(4,600원)

불포화지방과 폴리페놀, 비타민 등이 풍부하게 들어 있어 대표적인 장수식품이자 미용식품으로 각광받고 있는 올리브는 지중해를 중심으로 한 유럽 등지에서 매우 흔하게 사용하는 식재료다. 때문에 올리브를 이용한 빵 종류도 다양하게 발달했는데, 재료부터 베이킹도구까지 프랑스 정통 빵집을 표방하며 유명세가 높은 '퍼블리크(Publique)'에서는 프랑스에서 가장 오래된 빵으로 꼽히는 푸가스올리브를 맛볼 수 있다.

상수동에 자리한 퍼블리크는 프랑스 유학생들도 인정할 만큼 제대로 프랑스 정통 빵을 구워낸다. 현지의 맛을 재현하는 데 그치지 않고 주재료인 밀가루부터 프랑스에서 직접 공수해 온다. 백년 전통의 물랭(Moulin)에서 맷돌로 제분한 밀가루와 호밀, 통밀 등을 주기적으로 수입하고 버터도 프랑스 정부가 인정한 AOC 천연버터를 사용한다. 초콜릿도 최고급으로 꼽히는 프랑스산 발로나를 쓴다.

이는 프랑스 '식' 빵이 아니라 진짜 프랑스 빵을 만들고 싶다는 오너 파티시에의 고집 때문이다. 수익구조를 생각하면 다소 무리한 결정이지만 프랑스 땅에서 자란 밀로 빵을 구워내는 것은 어쩌면 아주 당

퍼블리크의 인테리어

퍼블리크의 시식 빵들

정통 구움과자인 까늘레 보르들레   퍼블리크 외부 모습

연한 선택일 것이다. 외국 농산물로 김치를 완벽하게 재현한다고 해도 한국의 김치가 지닌 깊은 세월의 맛은 담아낼 수는 없는 것처럼.

좋은 재료를 사용하는 만큼 퍼블리크가 선보이는 빵들은 대부분 투박하고 수수한 모양이다. 어느 한가로운 프랑스 농가의 저녁 식탁에 올라도 전혀 어색하지 않을 만큼 기본에 충실한 맛과 모양을 갖췄다. 특히 프랑스에서 가장 오래된 빵이자 국민들이 즐겨 먹는 빵으로 알려진 푸가스(fougasse)는 다양한 종류를 즐길 수 있다.

올리브 오일 공장에서 실수로 밀가루에 올리브 오일을 쏟아 우연히 만들어졌다고 전해지는 푸가스는 반죽에 들어가는 허브와 오븐에 구울 때 발라주는 향긋한 올리브 오일 때문에 씹을수록 고소한 맛

퍼블리크의 빵들

다양한 마카롱들

퍼블리크의 베리베리식빵

퍼블리크 내부 모습

이 나는 매력적인 빵이다. 푸가스올리브는 여기에 블랙올리브를 듬뿍 넣어 짭짤한 맛을 내는 동시에 독특한 풍미를 더했다. 올리브 자체로도 영양이 풍부한 데다 바질을 비롯한 다섯 가지 허브를 함께 넣어 맛과 향이 더욱 풍성해졌다. 담백한 건강빵이라 식사 대용으로도 그만이다. 푸가스올리브 외에도 저지방 햄을 넣은 푸가스 위에 에멘탈치즈를 가득 뿌린 푸가스 오 프로마쥬, 무화과와 건포도 그리고 다섯 가지 견과류를 듬뿍 넣은 푸가스 퍼블리크 등 여러 종류의 푸가스를 맛볼 수 있다.

　화려한 디저트로도 유명한 프랑스이니만큼 퍼블리크에서 선보이는 마카롱, 크림으로 속을 채우고 겉에는 초콜릿이나 설탕을 입힌 페이스트리를 일컫는 에클레르, 파이에 크림을 섞어 여러 층으로 쌓은 케이크인 밀푀유, 프랑스 보르도 지방에서 유래된 정통 구움과자인 꺄늘레 보르들레 등도 아찔한 부드러움과 달콤함으로 입맛을 사로잡는다.

궁극의 달콤함으로 무장한 초콜릿의 향연
초콜릿팬케이크

―

더 플라잉팬 블루
THE FLYINGPAN BLUE

초콜릿을 좋아하는 이들이라면 눈이 번쩍 뜨일 만큼 반가운 메뉴! 바로 초콜릿팬케이크다. 팬케이크는 집에서도 쉽게 만들어 먹을 수 있는 홈베이킹 메뉴인 데다 촉촉하고 부드러운 식감 때문에 남녀노소 누구나 좋아하는 빵이다. 브런치 카페로 유명한 이태원의 '더 플라잉팬 블루(The Flyingpan Blue)'에선 다크초콜릿으로 구워낸 팬케이크에 진한 초콜릿 시럽을 가득 올려 그야말로 아찔한 달콤함을 맛볼 수 있다.

각국의 다양한 먹을거리를 만날 수 있는 이태원에서도 이름난 브런치 카페 중 하나인 더 플라잉팬 블루는 호주 스타일의 올 데이 브런치 레스토랑으로, 오픈한 지 10여 년이 되어가지만 여전히 그 인기가 뜨겁다. 주말은 말할 것 없고 평일에도 브런치 타임엔 빈 자리를 찾기 어려울 정도.

원래 제일기획 부근에 있던 더 플라잉팬 핑크가 해밀턴 호텔 골목에 새롭게 오픈한 것이 더 플라잉팬 블루고, 이후 가로수길에 더 플라잉팬 화이트까지 문을 열 만큼 이곳 레스토랑은 손님들에게서 전폭적인 지지를 얻고 있다. 그도 그럴 것이 팬케이크와 샌드위치 빵을 비

주소 및 전화번호
서울시 용산구 이태원로27가길 13, 02-793-5285

영업시간
09:00~22:00(금·토요일 10:00~23:00, 일요일 10:00~22:00)

대표 메뉴 및 가격
초콜릿엑스터시(17,500원)
바나나호두아이스크림 팬케이크(17,000원)

롯해 각종 드레싱까지 직접 만들어 셰프의 정성이 가득 느껴질 뿐 아니라 재료들도 하나같이 신선하다. 호주에서 오랫동안 유학생활을 했다는 자매들이 모여 처음 문을 연 만큼 호주 현지의 자유롭고 개성 넘치는 분위기도 식탁 위에 고스란히 옮겨온 느낌이다. 다양한 컬러와 디자인의 테이블을 불규칙하게 배치하고, 소품들도 클래식한 샹들리에와 액자부터 빈티지한 그릇과 꽃병이 한데 어우러져 독특한 인상을 자아낸다. 날개 달린 플라잉팬을 형상화한 재치 넘치는 간판 디자인도 보는 이들을 유쾌하게 만든다.

 이곳의 대표 메뉴는 가정식 팬케이크로, 주문과 함께 갓 구워져 나오는 따끈따끈한 팬케이크가 입에 넣는 순간 부드럽게 녹아 사라지며 달콤한 여운을 남긴다. 달짝지근한 바나나와 고소한 호두, 크리미한 리코타치즈를 올린 브런치 팬케이크가 인기 메뉴이긴 하지만 취향에 따라 상큼한 배와 무화과, 수제 허브소시지와 까망베르 소스 등

매혹적인 이름의 초콜릿팬케이크 '초콜릿 엑스터시'

더 플라잉팬 블루의 인테리어

날개 달린 플라잉팬을 형상화한
재치 넘치는 간판 디자인

더 플라잉팬 블루 내부 모습

다양한 재료가 얹어지고 어우러져 입을 더욱 즐겁게 한다.

특히 '초콜릿엑스터시'란 매혹적인 이름의 초콜릿팬케이크는 진한 다크초콜릿과 함께 반죽해 팬케이크 특유의 부드러움에 달콤쌉쌀한 초콜릿의 풍미가 더해져 색다른 맛을 즐길 수 있다. 여기에 하얀 접시와 대비되는 다크 브라운의 초콜릿시럽과 초콜릿 덩어리까지 듬뿍 올려져 보기만 해도 기분 좋은 달달함을 느낄 수 있다. 자칫 과하다 싶은 단맛은 부드럽고 담백한 바닐라 아이스크림이 잡아주기 때문에 누구나 부담 없이 맛보기 좋다. 혹시 일상생활에서 쌓인 스트레스와 우울함을 한방에 날려버릴 강력한 달콤함이 필요하다면 이름 그대로 초콜릿의 아찔한 '엑스터시' 효과를 기대해봐도 좋다.

담백한 여운의 맛
화이트치아바타

폴앤폴리나
PAUL & PAULINA

인공첨가물을 넣지 않고 통밀가루와 물, 소금 등 천연재료로 만들어 담백하고 쫄깃한 식감의 치아바타는 이탈리아를 대표하는 빵으로 프랑스의 바게트와 곧잘 비교된다. 국내에선 샌드위치 빵으로 인기를 끌기 시작했지만 최근 정통 방식의 빼어난 식감을 재현하는 소규모 베이커리들이 늘어나면서 치아바타만을 따로 구입해 먹는 마니아들이 생겨나고 있다. 홍대입구에 자리한 '폴앤폴리나(Paul & Paulina)' 역시 치아바타의 인기가 뜨겁다.

유럽식 베이커리의 전형을 보여주는 폴앤폴리나는 지난 2008년 오픈과 동시에 입소문을 타기 시작했다. 빵을 진열하고 판매하는 공간보다 빵을 만드는 공간이 더 넓고, 그마저도 모두 오픈되어 있어 손님들은 언제든 자신이 구입하는 빵이 만들어지는 모습을 눈으로 확인할 수 있다. 십여 명의 젊은 파티시에들이 야무지게 밀가루를 반죽하고 빵을 성형하고 오븐에 구워내는 모습은 마치 한편의 뮤지컬을 보는 것처럼 경쾌하다. 진열대에는 종류만 겨우 알 수 있을 만큼의 빵만 내놓을 뿐 대부분 주문하고 바로 구워낸 빵을 꺼내주는 방식이다.

www.paulnpaulina.co.kr

주소 및 전화번호
서울시 마포구 와우산로23길 9,
칼리오페빌딩 102호, 02-333-0185

영업시간
12:00~19:00 (일요일, 매월 첫째주 월요일 휴무)

대표 메뉴 및 가격
화이트치아바타(2,500원) 뺑오쇼콜라(3,700원)
화이트바게트(4,000원, half 2,500원)

폴앤폴리나의 빵들

블랙올리브

폴앤폴리나 내부 모습

 이전의 대형 프랜차이즈 베이커리나 카페 공간을 겸한 베이커리들에선 보기 어려웠던 이 유럽스타일의 빵집은 금세 사람들의 눈과 입을 사로잡았다.
 폴앤폴리나를 우리식으로 풀면 '철수와 영희'쯤 될 것이다. 그만큼 흔하고 친숙한 이름을 간판에 내세웠으니 특별한 날에 어울리는 화려한 빵 대신 어떤 날에 먹어도 어울릴 법한 부담 없는 메뉴들이 주를 이룬다. 프랑스의 전통 식사빵인 바게트와 시골빵으로 불리는 깜빠뉴, 영국에서 차와 함께 곁들이는 스콘과 이탈리아를 대표하는 빵인 치아바타 등이 그것이다. 특히 치아바타는 구워내기 바쁘게 팔려나가는 이곳의 인기 메뉴로, 부드러운 풍미의 올리브오일을 듬뿍 넣어

씹을수록 고소한 맛이 난다. 일반 치아바타보다 부드럽고 담백해 여자 손님들이 즐겨 찾는다는 화이트치아바타는 큼직한 기공이 빼곡하게 들어차 씹히는 맛이 일품이다.

치아바타(ciabatta)는 이탈리아어로 낡은 신발, 또는 슬리퍼를 뜻하는 단어로 넓적한 빵 모양에서 따온 이름이다. 치아바타는 1983년에 저작권이 등록된 비교적 최근의 이름으로, 본래 이탈리아에서 흔하게 만들어 먹던 빵을 현대적으로 재해석해 개발하면서 만들어진 명칭이다. 치아바타 특유의 부드럽고 쫄깃한 식감을 만들기 위해선 반죽 단계부터 충분히 발효시켜야 하는데, 폴앤폴리나에선 기온에 따라 5시간에서 최대 9시간까지 발효과정을 거친다. 덕분에 가볍고 향이 좋으며 소화도 잘 되는 치아바타를 구워낸다.

개량제를 사용하지 않는 폴앤폴리나의 빵들은 대부분 기공이 크기 때문에 자르는 순간 표면이 마르기 시작한다. 가능한 한 구입 즉시 조금씩 손으로 뜯어 먹어야 최상의 식감을 즐길 수 있으며 남은 빵은 냉동보관하는 게 좋다.

폴앤플리나의 부드럽고 쫄깃한 치아바타

부드럽게 녹아내리는 꿈같은 맛
우유크림롤케이크

라두스
LA DOUCE

blog.naver.com/ladouce1

주소 및 전화번호
서울시 마포구 양화로6길 57-21, 070-8274-5665

영업시간
12:00~22:00(매주 월요일 휴무)

대표 메뉴 및 가격
우유크림롤케이크(6,500원) 크레이프케이크(6,500원)

롤케이크 하나를 사기 위해 아침부터 줄을 서는가 하면 한 시간이 넘는 기다림에도 설렘과 기대로 즐거운 얼굴들. 언뜻 이해하기 어려운 이 기현상은 일본에서 건너온 우유크림롤케이크에서 시작되었다. 촉촉한 시트와 부드러운 우유크림이 어우러진 마성의 롤케이크

신선한 달걀과 생크림을 이용해 담백하면서도 상큼한 맛이 일품인 우유크림롤케이크

는 일 년 새 수많은 디저트숍에서 선보이는 인기 메뉴가 되었다. 그 가운데 '라두스(La Douce)'와 '크레마롤(Crema Roll)'은 젊은 파티시에들이 의욕적으로 선보인 수제롤케이크로 본토 못지않은 완성도를 자랑한다.

 라두스는 프랑스어로 달콤함을 뜻한다. 이름 그대로 보기만 해도 달콤한 위안이 되어줄 것 같은 사랑스런 디저트 메뉴들을 선보이는 이곳은 지난해 겨울에 처음 문을 열었음에도 멀리서 일부러 찾아오는 손님들이 있을 만큼 남다른 인기를 얻고 있다.
 그도 그럴 것이 라두스의 오너셰프는 미국 존슨앤웨일즈 요리학교 출신으로, 나파밸리 욘트빌의 유명 프렌치레스토랑 '부숑(Bouchon)'에서 근무했을 만큼 세련된 감각의 실력파다. 롤케이크 한 조각을 주문하더라도 플레이트에 올리고 장식을 더하는 손길이 신중하고 정

바나나와 카스텔라, 캐러멜이 어우러진 바나나푸딩　　라두스 내부 모습

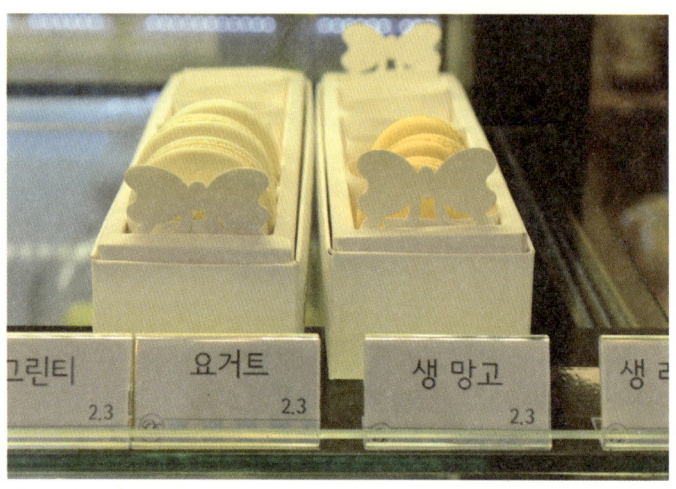

라두스의 마카롱들

성스럽기 그지없다. 마치 하나의 예술작품을 대하듯 진지한 모습에 그 맛 또한 진한 감동으로 다가온다.

라두스의 대표 메뉴인 우유크림롤케이크는 100퍼센트 국내산 재료들로 만들고 합성첨가물은 일체 사용하지 않는다. 가장 중요한 재료 중 하나인 달걀도 까다롭게 고른 유정란만을 고집한다. 쫀득쫀득한 식감이 인상적인 시트는 기포가 거의 없을 만큼 촘촘하게 구워내는데, 이는 파티시에의 노련한 별립법(달걀 흰자와 노른자의 거품을 따로 내는 방식)의 결과다. 또 시트에 꿀을 넣어 풍미를 더하고, 머랭을 이용해 입안에서 촉촉하게 녹아내리는 부드러움도 표현했다. 우유크림롤케이크는 속을 채운 크림의 맛과 질감이 무엇보다 중요한데, 라두스는 신선한 달걀과 생크림을 이용해 언제라도 갓 만들어낸 것처럼 담백하면서도 상큼한 맛이 일품이다. 덕분에 우유크림롤케이크는 구워내기 무섭게 품절이 되기 일쑤인데, 오너셰프 혼자 롤케이크를 굽다 보니 매일 수량이 부족한 실정이다.

우유크림을 이용해 만든 또 하나의 인기 메뉴인 크레이프케이크도 부드럽고 촉촉한 크레이프를 한 장 한 장 정성스럽게 쌓아 올려 환상적인 맛의 조화를 이룬다. 이 외에도 달달한 바나나와 부드러운 카스텔라, 진한 캐러멜이 어우러진 바나나푸딩, 진한 치즈케이크 위에 새콤달콤한 생 블루베리를 올린 블루베리치즈케이크도 눈길을 사로잡는다.

　라두스는 디저트 카페를 표방한 만큼 핸드드립커피는 물론 차와 에이드, 티라떼 등 다양한 음료도 맛볼 수 있다. 특히 초코아포가토는 부드러운 바닐라아이스크림 위에 덧씌운 달콤한 초콜릿 커버와 그 위에 부어주는 진하고 쌉쌀한 에스프레소가 한데 어우러져 풍성한 맛의 향연을 즐길 수 있다.

라두스의 크레이프케이크

각종 견과류와 크랜베리가 듬뿍
후류이아르꼬르쥬

라뜰리에 모니크
L'ATELIER MONIQUE

'라뜰리에 모니크(L'Atelier Monique)'의 빵은 달지 않고 담백한 '일상의 브레드(daily bread)'를 선보인다. 최소한의 이스트만 넣고 저온숙성해 오랜 시간 발효시켜 씹으면 씹을수록 구수한 맛이 난다. 정직한 재료를 사용해 아이들에게도 안심하고 먹일 수 있는 곳. 그래서 주말 오전이면 아이와 함께 동네 산책 나온 가족들이 둘러앉아 신선한 빵을 음미하는 '달콤한 공간'이다.

주소 및 전화번호
청담본점 : 서울시 강남구 선릉로162길 51, 주경빌딩 1층, 02-549-9210

영업시간
10:00~19:00(제품 소진시 영업 종료, 연중 무휴)

대표 메뉴 및 가격
후류이아리꼬르쥬(5,000원) 후류이(2,800원) 딸기타르트(7,000원) 밤몽블랑(7,000원)
소녀감성(2,800원) 오곡너츠(2,500원) 크림치즈타르트(7,000원) 팥크로와상(2,900원)

일명 '배용준 빵'으로 유명한 라뜰리에 모니크의 대표주자, 후류이 아리꼬르쥬(Fruits Haricots Rouges)는 호두를 포함한 각종 견과류와 크랜베리가 듬뿍 들어 있다. 그 안에 직접 쑨 팥을 아낌없이 넣고 72시간 저온숙성시켜 그 풍미가 남다르다. 오랜 시간 숙성시킨 슬로푸드의 진수를 보여준다. 바게트처럼 찢어서 한 입 베어 물면 씹을수록 고소한 맛이 입안을 감돌고, 사이사이 씹히는 호두와 견과류, 통팥의 감촉이 잘 어우러진다. 배우 배용준이 좋아해 자주 찾는다는 소문 덕분에 '배용준 빵'을 찾으러 온 일본 관광객들이 투어 코스로 다녀가기도 한다.

 부드러운 속살을 보여줄 것 같은 '소녀감성'은 크림치즈 빵이다. 간간이 보이는 크랜베리와 꽃술처럼 보이는 호두, 피스타치오 등으

라뜰리에 모니크의 크림치즈타르트

이름과 모양이 참 잘 어울리는 '소녀감성'

통밤을 그대로 얹은 밤몽블랑

딸기타르트

크림치즈타르트

로 예쁘게 단장하고 있다. 이름과 그 모양이 참 잘 어울린다. 속에는 크림치즈가 가득하고 쫄깃한 식감이다.

커피와 잘 어울리는 케이크도 일품이다. 밤몽블랑은 통밤을 그대로 얹은 비주얼에 마롱크림과 생크림이 층층이 쌓여 있다. 달지 않은 마롱크림과 얇은 타르트지, 밤, 생크림의 조합이 잘 어우러진다. TV 프로그램 〈식신로드〉에서도 입맛을 돋우던 딸기타르트는 딸기조각들이 질서 정연하게 줄서 있고, 부드러운 우유생크림과 딸기 향이 풍미를 더한다.

투명한 유리 쇼케이스에 진열된 30여 종의 빵과 케이크는 다양한 음식 재료를 활용해 맛과 모양이 창의적인 것이 특징이다. 그래서

라뜰리에 모니크 내부 모습

흔한 빵집이 아닌 '빵 아뜰리에'라 부르는 것이다. 4개의 테이블을 갖춘 매장에 앉아 있으면 쇼케이스 너머로 오픈 키친을 바라볼 수 있다. 그만큼 위생과 맛에 자신 있다는 의미다. 빵의 계량부터 오븐에 들어가기까지의 전 과정을 지켜볼 수도 있다.

라뜰리에 모니크는 일본 최고의 블랑제(boulanger) 6인에 랭크된 일본 제빵왕 스기야마 히로하루가 오픈한 베이커리로도 유명하다. 그래서 내부 인테리어 소품이 일본풍으로 가득 채워져 있다. 다른 베이커리에서는 볼 수 없는 독특한 빵도 눈길을 끈다. 팥크로와상, 들깨 소다 브레드, 미숫가루 크림빵이 그것. 네임카드를 받치고 있는 빵을 보면, 마치 대표로 동료들을 소개하는 것만 같다. 매장의 마감 시간은 저녁 7시지만 빵이 모두 팔리면 일찍 문을 닫는다. 갓 구운 빵이 나오는 오전시간에 맞춰서 가면 매장 내 퍼져 있는 풍미와 함께 감탄사를 연발하게 될 것이다.

라뜰리에 모니크의 귀여운 조명과 소품들

네임카드를 받치고 있는 빵 모양 장식

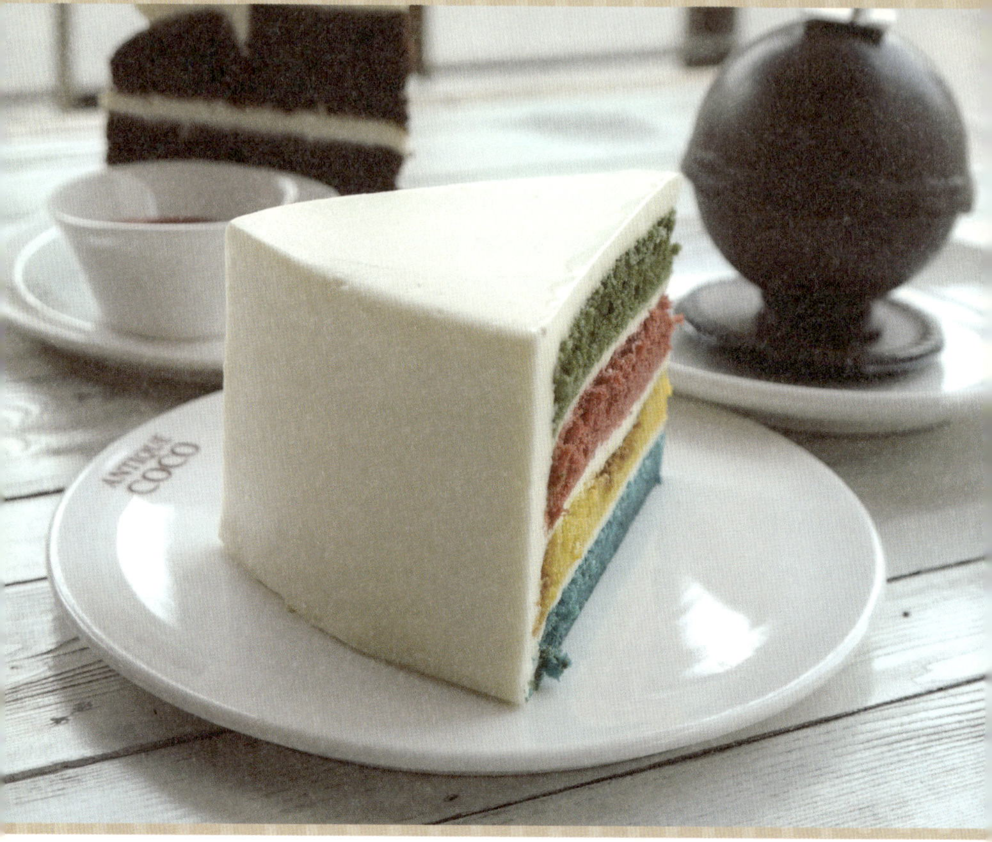

고운 색깔의 쫀득쫀득한 무지개
레인보우벨벳케이크

안티코코
ANTIQUE COCO

주소 및 전화번호
서울시 마포구 독막로 64, B동
02-322-1837

영업시간
11:00~23:00(명절 당일 휴무)

대표 메뉴 및 가격
레인보우벨벳케이크(6,000원) 더치봉봉(12,000원)
베리베리쇼콜라케이크(7,000원)

　　베이커리와 디저트 카페가 혼재되어 있는 홍대에 꼭 가볼 전통 양과자점이 있다. 바로 '안티크코코(Antique Coco)'. 안티크코코는 이춘성 대표와 정연미 쇼콜라티에 부부가 2013년 합심해 오픈한 디저트 카페다. 디자이너 출신인 아내는 앤틱한 자신의 취향을 인테리어와 소품, 가구 등 매장에 그대로 반영시켰다. 고풍스럽게 인테리어로 꾸민 지하에는 디저트를 즐길 수 있는 공간과 함께 넓은 오픈 키친이 자리 잡고 있다. 케이크와 디저트를 생산하는 전 과정을 실시간으로 볼 수 있는 100퍼센트 오픈 키친이다. 좋은 재료와 공정 과정을 거친다는 자부심이 있기 때문에 가능한 일이다. 고객들에게는 케이크에 대한 신뢰도와 보는 재미까지 제공하니 1석 2조 이상의 효과를 낸다.

이곳의 대표 메뉴는 크림치즈와 생크림이 합쳐진 하얀 크림 아이싱으로 모습을 감춘 레인보우벨벳케이크. 단면을 잘랐을 때 비로소 진가를 나타낸다. 그린, 레드, 옐로, 블루의 케이크시트는 하얀 크림과 함께 전통 오방색을 연상시킨다. 폭신하면서 탄력적인 케이크의 단면을 맛보면 쫀득쫀득하고 차진 느낌의 크림치즈와 마치 떡 같은 질감의 시트가 인상적이다. 농후한 크림치즈는 달지 않으면서도 풍미가 깊어 입안을 감돈다. 아낌없이 들어간 크림치즈 아이싱이 전혀 부담스럽지 않다.

안티코코코의 먹음직스러운 케이크들

다양한 종류의 초콜릿과 봉봉 시리즈

쇼케이스에 있는 갸또몽블랑

망치로 깨어 먹는 더치봉봉의 초콜릿 볼

　안티크코코에서만 맛볼 수 있는 독특하면서 차별화된 메뉴는 와인봉봉과 더치봉봉이다. 속이 빈 초콜릿 볼 안에 와인이나 더치커피를 넣었다. 먹는 방법은 빨대로 음료를 마시고, 남은 초콜릿 볼은 망치로 깨어 먹으면 된다. 더치봉봉은 더치커피 자체의 깔끔한 뒷맛이 인상적인 데다 초콜릿향은 입안에서 오래 머무른다. 생각보다 두꺼운 초콜릿 볼은 강한 힘으로 내리쳐야만 그 속을 볼 수 있다.

　진한 초콜릿색의 베리베리쇼콜라케이크는 보는 것만으로 짙은 달콤함이 느껴진다. 부드러워 보이지만 포크를 찔러 넣었을 때 느껴지는 단단함은 베리베리쇼콜라케이크가 주는 첫 번째 반전이다. 케이크시트라기보다는 단단한 초코브라우니 같다. 다크초콜릿이 듬뿍 들었음을 짐작하고 케이크 조각을 입안에 넣는 순간, 향긋하게 퍼져오는 초콜릿향과 달리 전혀 달지 않은 식감이 두 번째 반전. 초콜릿케이크는 어린이들을 위한 케이크라는 일반적인 편견을 없애주는 반전 케이크가 바로 베리베리쇼콜라케이크다. 어른들의 맛을 품은 초콜릿케이크는 달지 않고 산뜻하기까지 하다.

베리베리쇼콜라케이크

블랙체리케이크

안티크코코 내부 모습

내 입에서 쉬어가는 달콤한 디저트
크렘당주

―

오뗄두스
HÔTEL DOUCE

'달콤한 호텔'이란 뜻의 프렌치 디저트 전문점 '오뗄 두스(Hôtel Douce)'. 화려한 샹들리에, 푹신한 침대는 없지만, 한결같은 맛으로 입안의 즐거움을 선사한다. 그중에서 크렘당주와 밀푀유는 오뗄두스의 대표작.

크렘당주(Créme d'Anjou)는 프랑스어로 천사를 뜻하는 단어 앙주(ange)에서 유래한 당주(d'anjou)와 크림(creme)의 합성어다. 얇은 케이크시트 위에 뽀얗고 몽글몽글하게 얹어진 크림이 고즈넉한 산사에 살포시 내려앉은 흰 눈 같다. 마스카포네치즈와 사워크림을 섞어 만든 크림은 찹쌀떡처럼 폭신해 보여 손으로 살짝 눌러보고 싶어진다. 눈길에 첫 발자국 남기듯 하얀 크림을 조심스레 가르면 젤리 같은 붉은 라즈베리필링이 나타난다. 베어 물면 새콤달콤한 라즈베리씨가 오독오독 씹힌다. 부드러운 크림은 과하게 달지 않고, 입안에 넣는 즉시 녹아든다. 마스카포네크림과 사워크림이 적절히 배합되어 느끼함을 잡는다. 누구나 가볍게 즐길 수 있는 디저트다. 피치우롱티나 얼그레이 혹은 라떼와 같은 부드러운 커피를 곁들이면 바로 호텔에서 즐기는 애프터눈티가 된다.

주소 및 전화번호
서울시 강남구 논현로161길 59, 1층(가로수길점)
070-4205-5705

영업시간
10:00~22:00(매주 월요일 휴무)

대표 메뉴 및 가격
크렘당주(5,000원) 밀푀유(5,000원)
얼그레이(6,000원) 아메리카노(4,000원)

찹쌀떡처럼 폭신폭신해 보이는 하얀 크림을 조심스레 가르면 젤리 같은 붉은 라즈베리필링이 나타나는 크렘당주

파삭파삭함과 부드러움을 한 번에 느낄 수 있는 밀푀유

오뗄두스의 다양한 디저트들

    '밀푀유'는 얇은 퍼프 페이스트리 사이에 부드럽고 리치한 크림을 듬뿍 넣은 프랑스의 대표 디저트케이크다. 파삭파삭함과 부드러움을 한 번에 느낄 수 있는 밀푀유는 프랑스어로 '천 겹의 잎'이라는 뜻인데, 밀가루 반죽 사이에 납작하게 편 버터를 올려 접고 밀어 펴기를 반복하여 만드는 퍼프 페이스트리로 인해 그 이름이 붙었다. 이 과정을 반복하면 반복할수록 페이스트리의 켜가 늘어난다.

    밀푀유의 페이스트리가 부서질 때의 소리가 맛을 더한다. 바닐라빈이 육안으로 보일 정도로 빼곡히 박혀 있는 커스터드크림은 크림 형태의 진한 바닐라 푸딩 맛이다. 커스터드크림은 단맛이 거의 없지만 풍성한 바닐라향과 무거운 질감으로 바삭거리는 페이스트리의 가벼움을 잡아준다. 프랑스의 대표 디저트답게 세련된 달콤함이다. 페이스트리의 윗면은 오븐에 구울 때 뿌려진 설탕이 자연스럽게 녹

오뗄두스 내부 모습

아 있는데, 이로 인해 캐러멜마끼아또 디저트를 먹는 느낌이다. 진하고 깔끔한 아메리카노를 곁들이는 것이 좋다.

  오뗄두스는 베이킹스쿨 '레꼴두스'를 운영하던 동경제과학교 출신의 정홍연 셰프가 오픈했다. 현재 서래마을 본점을 중심으로 가로수길과 광화문에 분점이 있어 서울시 곳곳에서 쉽게 접할 수 있다. 대부분의 디저트와 케이크 제품은 서래마을에 있는 공장에서 만들어 각 매장의 오픈시간에 맞춰 배송된다. 그 외의 과자류(마들렌, 브라우니, 까늘레 등)는 각 매장에서 직접 만든다. 오픈시간인 오전 10시에서 11시 사이에 방문하면 오뗄두스의 다양한 디저트를 모두 만날 수 있다. 주말의 경우 인기 메뉴인 크렘당주나 밀푀유, 에끌레어는 오후 4시 이전에 매진되기도 한다.

  오뗄두스는 매장이 협소한 탓에, 매장 내에서 디저트를 즐기는 고객보다는 테이크 아웃 손님이 주를 이룬다. 오뗄두스의 제품들은 온도에 민감한 디저트가 많아 기본적으로 보냉제를 제공하지만, 2시간 이상을 외부에서 보낼 경우 500원을 지불하고 추가 보냉제를 구입하는 것을 추천한다. 크림디저트 제품은 구입한 후 한 시간 이내에 먹어야 가장 최상의 맛을 느낄 수 있다.

오뗄두스 내부 모습

디저트는 달아야 맛있다
생딸기케이크

―

쇼콜라윰
CHOCOLATYUM

주소 및 전화번호
서울시 마포구 와우산로 21길 26, 02-337-1027

영업시간
10:00~23:00(연중 무휴)

대표 메뉴 및 가격
1호 케이크(25,000원)
아이싱쿠키(4,000원~6,000원)
조각케이크(4,500원) 딸기초콜릿(4,500원)

2008년 오픈한 '쇼콜라윰(Chocolatyum)'은 홍대 거리를 오가는 사람이라면 누구나 한 번쯤 시선을 빼앗기는 곳이다. 매장 입구 쇼케이스를 가득 채운 딸기케이크는 홍대에서 손꼽히는 머스트 잇 아이템(Must Eat Item). 초콜릿전문점으로 시작한 쇼콜라윰은 현재 쁘띠푸르(petit-four, 작은 과자)와 쇼트케이크, 홀케이크, 마카롱 등 다양한 달콤한 먹을 것들로 가득하다. '디저트는 달아야 맛있다!'는 것이 쇼콜라윰 대표 김유미 쇼콜라티에의 지론. 이곳에서 이글루 모양의 하얀 생크림 위에 딸기가 박혀 있는 딸기케이크가 단연 돋보인다. 100퍼센트 동물성 생크림을 사용하기 때문에 부드러우면서도 깊은 단맛이 난다. 시트는 촉촉하고 폭신한 식감이다. 쇼콜라윰의 딸기케이크는 1년 365일 생딸기를 사용한다. 딸기 철이 지나면 강원도의 고랭지딸기를 사용하기 때문에 언제나 신선한 생딸기케이크를 맛볼 수 있는 곳이다. 오후 1시에서 5시 사이에 방문하면 가장 맛있는 딸기케이크를 맛볼 수 있다.

쇼콜라윰의 쿠키들

불가사리 모양 쿠키

쿠키 위에 색색의 화려한 아이싱 장식을 곁들인 아이싱쿠키

건조딸기가 듬뿍 들어간 딸기초콜릿

    쇼콜라윰을 처음 찾는 손님들은 예쁘고 앙증맞은 쿠키와 아기자기한 인테리어에 반한다. 그러나 다시 찾게 되면 변함없이 신선한 맛에 반해서다. 달콤한 머랭쿠키, 알록달록한 아이싱쿠키, 부드러운 수플레 등 쇼콜라윰의 모든 제품은 기계화된 공정을 통해 생산된다. 적게 만들어 적절한 회전율을 유지하는 것이 신선함의 비결.
    쿠키 위에 색색의 화려한 아이싱 장식을 곁들인 아이싱쿠키가 또 다른 인기 메뉴다. 장식은 아이스크림, 수박 등 계절에 맞게 변화를 준다. 어린 손님들에게도 인기 만점. 달달한 아이싱과 촉촉한 쿠키가 잘 어우러진 맛이다. 다소 밋밋하게 느껴질 수도 있는 쿠키에 달콤한 아이싱을 더해 서로 맛을 보완해준다.
    건조딸기가 듬뿍 들어간 딸기초콜릿은 분홍색 리본 끈을 푸는 순간 진한 딸기향으로 존재감을 드러낸다. 초콜릿보다 건조딸기의 함량이 더 많게 느껴질 정도로 아낌없이 좋은 재료를 썼다. 달콤하고 부드러운 초콜릿이 새콤한 딸기의 맛과 어우러지는데, 입안에 남아 감도는 딸기의 진한 향이 기분을 좋게 만드는 디저트.

　김유미 쇼콜라티에는 동경제과학교에서 초콜릿을, 르 꼬르동 블루에서 제과를 배웠다. 그녀는 8년이라는 긴 시간 동안 쇼콜라윰을 잊지 않고 찾는 고객들을 위해 제품 가격을 최대한 올리지 않는다고 이야기한다. 앞으로는 제철 과일을 모티브로 한 디저트를 더 많이 선보일 예정이다.

1년 365일 생딸기를 사용하는 쇼콜라윰의 생딸기케이크

쇼콜라윰의 아기자기한 인테리어

쇼콜라윰의 티라미수

인스턴트의 반대말
깜빠뉴

르뱅 베이커리
LEVAIN BAKERY

'빵 오 르뱅(Pain au Levain)'은 시중에 판매하는 이스트가 아닌 발효시킨 첫 반죽으로 만드는 사워도우 빵이다. B.C. 2,300년 이집트인들이 며칠 동안 버려둔 반죽이 부풀어 오르는 것을 발견하면서 르뱅이 시작됐다고 알려져 있다. 한두 시간 안에 반죽을 부풀릴 수 있는 가공 이스트 대신, 훨씬 많은 시간이 들지만 자연상태 그대로를 택한 것이다. 반죽에 통밀가루와 소금을 섞으면, 이산화탄소가 생성되면서 발효가 시작된다.

기다림. 이것이 '르뱅 베이커리(Levain Bakery)'의 빵을 표현하는 결정적 한마디다. 오랜 시간 숙성과 발효를 통해 천천히 공을 들여 빵을 완성시킨다. 르뱅(levain)은 천연 효모를 뜻하는 프랑스어인데, 베이커리를 그 자체로 이름 지었다. 심심한 듯 자극적이지 않은, 그러나 씹을수록 풍미가 짙은 빵이 특징이다. 매장 유리창으로 보이는 깜빠뉴, 르뱅, 바게트 등의 유럽풍 식사 빵을 보면 어느새 건강한 빵집의 기운이 물씬 느껴진다. 애초 베이커리를 오픈할 때부터 '우리 가게 빵은 맛없다'라고 자신 있게 말할 정도로 인스턴트에 길들여진 우

www.levainbakery.co.kr

주소 및 전화번호
서울시 서초구 신반포로 15 G동 1-5호.
02-534-6212

영업시간
10:00~21:00(일요일 휴무)

대표 메뉴 및 가격
르뱅(5,000원) 깜파뉴(6,000원)
블루베리든거(2,000원) 레드벨벳(3,500원)
아몬드크루아상(3,500원) 크랜베리 호두식빵(4,500원)

리 입맛을 인정하고 시작했다. 그런데 그 맛은 살필수록 깊고, 곱씹을수록 달콤하다.

르뱅 베이커리는 화학첨가물, 합성보존료 0퍼센트의 천연발효빵을 만든다. 셰프가 설명하는 '빵 오 르뱅'에서 알 수 있듯이 자연에서 얻은 천연 이스트 발효종을 만들어 빵을 굽는다. 반죽에 들어가는 재료 또한 100퍼센트 천연재료다. 이렇게 만든 빵 가운데 르뱅의 시그너처 메뉴는 깜빠뉴다. 르뱅 베이커리에서는 호밀과 통밀, 밀가루에 천연 발효종을 섞어 깜빠뉴를 만든다. '시골빵'이란 의미의 이 빵은 크러스트가 얇고 속이 촉촉하며 샌드위치로 먹어도 괜찮다. 종류는 크랜베리깜빠뉴와 플레인깜빠뉴 두 종류다. 크랜베리깜빠뉴는 윗껍질이 얇으면서도 질긴 느낌이지만 속은 살짝 시큼하면서 촉촉하다. 씹을수록 맛이 더해진다. 크랜베리깜빠뉴가 좀 더 인기가 많다.

르뱅 베이커리 입구에 전시된 빵 모형들

르뱅 베이커리 내부 모습

프로마주블랑

피칸호두타르트

    르뱅 베이커리가 주목을 받은 또 다른 이유는 이진환 셰프다. 르 꼬르동 블루를 졸업하고 7년간 빵을 연구한 장본인이자 베이커리의 주인. 그의 재치가 엿보이는 인기 제품인 '든거 시리즈'도 그가 만들었다. 재료가 빵 속에 들어 있다는 의미인 '든거'는 녹차든거, 블루베리든거, 바닐라든거, 팥든거 등이 있다. 쫄깃하게 씹는 식감이 좋다. 피칸호두타르트 역시 얇은 타르트지에 떫지 않은 호두가 필링으로 가득 차 있고 달콤하고 고소하다. 위에 뿌려진 슈거파우더로 인해 조금 달지만 아메리카노와 함께 먹으면 궁합이 맞다.

    2014년에는 방배동에 르뱅 베이커리 2호점을 오픈했다. 본점보다 훨씬 넓은 매장에 독특한 인테리어로 인기를 끌고 있다.

완벽한 레시피
우유크림빵

브레드랩
BREAD LAB

차가운 도시의 상징, 금융가 여의도에 빵 굽는 냄새가 퍼진다. 국회의사당 근처 회색 빌딩 사이로 어느 연구소 같은 매장이 그 주인공. 저울 위에 커피와 빵을 나란히 올린 로고가 새겨진 카페형 빵집, '브레드랩(Bread Lab)'이다. 여의도의 맛있는 빵집으로 유명한 브레드피트(Bread Fit)의 유기헌 대표가 만든 또 다른 연구소다. 유 대표는 다섯 가지 발효종으로 5일 동안 발효시켜 만든 슬로푸드 빵집, 브래드 공오(05)를 홍대에 오픈해 빵순이들의 아지트를 마련했는데, 이제는 연남동과 여의도까지 영역을 확장했다.

브레드랩은 대표 메뉴를 고르기 힘들 만큼 쇼케이스에 진열된 빵 모두 인기다. 이중에서도 하얀 호빵같이 생긴 크림빵이 이곳의 얼굴마담. 우유크림빵은 부드러운 빵 살에 더 부드러운 크림이 가득하다. 풍부하게 들어간 크림 속에는 바닐라빈이 콕콕 박혀 있다. 말차가 풍부하게 든 진한 녹차향의 녹차크림빵, 딸기맛 빵이 아닌 순수 딸기가 원료로 들어간 딸기크림빵 등 쫄깃한 빵에 순두부 같이 부드러운 크림이 잘 어우러진다. 크림빵류는 전반적으로 단맛과 재료 본연의 맛

주소 및 전화번호
서울시 영등포구 은행로 29, 02-782-0501

영업시간
08:00~20:00(일요일 공휴일 휴무)

대표 메뉴 및 가격
우유크림빵시리즈(우유크림빵, 딸기우유크림빵, 녹차크림빵 등 1,800원) 녹차데니쉬(3,000원) 할라피뇨 치즈 치아바타(2,300원) 슈크림(2,500원) 먹물치즈빵(3,500원) 소시지(3,000원)

귀여운 유리병에 담겨 나오는 딸기쉐이크   브레드랩의 인기 메뉴인 먹물치즈빵

이 잘 살아 있다. 손으로 빵을 살짝만 눌러봐도 그 푹신함이 느껴진다. 먹물치즈빵도 인기다. 오징어먹물을 넣은 반죽에 스위스의 한 조각이라고 표현되는 스위스 대표 치즈 에멘탈치즈와, 롤치즈를 넣고 구웠다. 치즈의 짭쪼름한 맛과 쫀득하게 씹히는 까만 먹물 반죽이 잘 어울린다. 그 모양새는 까만 밤 반짝이는 별이 궤적을 따라 움직이는 것 같다.

　브레드랩은 매일 새벽 직접 반죽한 빵만 구워낸다. 무리해서 제품을 만들어두면 신선함을 유지하기 어렵기 때문에 소량씩만 만들고 당일 판매를 원칙으로 한다. 그래서 맛보고 싶은 빵을 구입하기 위해선 서두르는 것이 관건. 오후에 가면 쇼케이스에서 나온 빵 명찰이 가득 놓여 있다. 이곳 빵이 사랑받는 것은 방부제, 개량제, 유화제 등 화학 식품첨가물 대신 제품에 담긴 정성과 건강한 약속 때문이다.

　브레드랩에서는 맞춤 로스팅한 원두를 사용하여 진하고 약간 신맛이 나는 커피를 제공한다. 투샷이 기본. 빵과 함께 즐길 음료로 딸기쉐이크, 베리베리에이드, 진저레몬에이드 등도 준비되어 있다. 딸기쉐이크는 신선한 딸기와 우유, 얼음을 갈아 귀여운 유리병에 담겨 나오는데, 달지 않고 농도가 적당해 어느 빵과도 잘 어울린다.

　매장 내부에는 20여 석의 테이블이 있어 편안하게 빵을 즐길 수 있다. 의자 모양은 마치 귀여운 E.T. 같기도 하다. 주문과 동시에 만들어 주는 샌드위치도 판매한다. 터키햄&스위트치즈샌드위치, 튜나호밀샌드위치 등 간단한 식사를 원하는 직장인들에게 인기 만점이다.

브레드랩의 미숫가루크림빵

다크초콜릿의 부드러움과 쌉싸름함이 공존
가토쇼콜라

플라워앤
FLOUR&

blog.naver.com/laviebonbon

주소 및 전화번호
서울시 마포구 서교동 395-171, 02-556-5565
02-549-9210

영업시간
08:00~22:00 (일요일 10:00~20:00)

대표 메뉴 및 가격
라비앙봉봉(2,200원), 라즈베리치즈(2,800원)

    초코빵 라비앙봉봉(La Vie en BonBon)은 프랑스어로 '달콤한 인생'을 뜻한다. 부를 때마다 두 입술이 맞닿으며 입맞춤하는 사랑스러운 이름이다. 부시맨브레드를 연상시키는 초코빵 사이에 부드러운 초콜릿의 풍미가 감돌고, 리얼버터크림이 달콤하게 어우러진다. 그 위로 솔솔 뿌려진 슈거파우더와 알알이 박힌 초코칩은 귀여운 가니쉬. 빵은 폭신함과 바삭함을 동시에 가지고 있고 촉촉한 버터크림이 식감을 조화롭게 만든다. 디저트 카페 '플라워앤(Flour&)'의 대표주자로 손색이 없다. 비오는 날 유기농 루이보스티 혹은 얼그레이홍차와 함께 마시면 환상의 조합.

    진한 다크초콜릿의 부드러움과 쌉싸름함이 동시에 입맛을 사로잡는 정통 '가토쇼콜라'는 단 것 당기는 '그날'의 기분을 단번에 녹여낼 힐링 디저트다. 진하고 쫀득한 초콜릿 때문에 높은 열량이 걱정되지만, 쌓였던 스트레스가 모두 풀릴 것 같은 악마의 달콤한 유혹인 셈. 연인과의 첫 만남처럼 달콤하고, 이별처럼 쌉싸름한 기억이 어쩐지 첫사랑과 닮아 있다. 프랑스어로 가토는 케이크, 쇼콜라는 초콜릿. 말 그대로 초콜릿케이크다. 플라워앤의 가토쇼콜라는 프랑스의

플라워앤의 가토쇼콜라

새콤달콤한 라즈베리치즈

후로마쥬노아

　최고급 초콜릿인 발로나 구아나자 초콜릿이 녹아들어 있다. 친구와 둘이 나눠먹기에 적당한 손가락 한 뼘 크기다. 윗면의 크랙이 멋스럽고, 사이사이 녹아 있는 진한 초콜릿의 풍미가 오래도록 입안을 감돈다. 아메리카노와 함께 즐기면 더욱 좋다.

　플라워앤 레시피의 비밀은 모두 최고급 재료에 있다. 기본에 충실하자는 셰프의 철학이 담겨 있기도 하다. 유기농밀가루와 유기농설탕, 유기농호밀, 100퍼센트 우유버터, 동물성생크림 등 '좋은 재료'만 고집한다. 개량제와 유화제도 전혀 넣지 않는다. 건강한 빵을 만들어서 선보이고픈 쌍둥이 자매의 실천이다. 그 고집스러움에 정성을 더했다. 모든 빵은 천연발효종을 직접 배양해 저온숙성으로 장시

플라워앤 내부 모습

간 발효시켜서 만든다. 소문난 빵집이라고 모든 빵이 맛있는 건 아닐 터. 플라워앤은 예외다. 좋은 재료와 기본에 충실한 레시피 덕분인지 40여 종류의 빵을 아무거나 골라도 실망하지 않는다.

테라스에 가득한 화분과 가게 이름 때문에 플라워앤을 꽃으로 생각하기 쉽지만, 플라워는 밀가루를 뜻한다. 동경제과학교 출신의 쌍둥이 자매가 운영하던 디저트 카페에서 합정동 골목으로 이사해 새롭게 태어났다. 수많은 마니아의 사랑을 받으며 화려한 케이크를 선보였던 그들은 이제 매일 아침 갓 구운 신선한 빵으로 플라워앤의 문을 활짝 연다.

  빵과 함께 마실 수 있는 홈메이드 수제차도 일품이다. 무농약 청정 유자차, 유기농설탕 레몬차, 유기농설탕과 허니자몽차는 이름만 들어도 상큼한 건강음료같다. 친구가 직접 재배하는 남해산 유기농 유자와 자몽을 공수해 일일이 수작업으로 원료를 만든다. 플라워앤의 'and'가 있어 앞으로 더욱 기대되는 카페다.

초코빵 사이에 리얼버터크림이 달콤하게 어우러진 라비잉봉봉

향긋한 당근채에 크림치즈가 가득
캐럿쁘띠

―

오페뜨
O'FÊTE

www.ofete.co.kr

주소 및 전화번호
서울시 서초구 서래로 32, 02-532-7876

영업시간
08:00~24:00(명절 휴무)

대표 메뉴 및 가격
캐럿쁘띠(6,000원) 뉴욕치즈쁘띠(4,000원)
레몬크림치즈타르트쁘띠(5,000원)
카카오쁘띠(4,500원)

당근케이크의 대표 맛집으로 소문난 '오페뜨(O'Fête)'는 오감을 자극하는 '쁘띠' 시리즈로 언제 먹어도 질리지 않는 다양한 케이크를 선보인다. 동작동, 영등포, 도화동, 반포동 등 서울시 전역에 프랜차이즈로 운영하고 있어 어디서든 같은 맛을 볼 수 있는 장점이 있다.

오페뜨는 올가닉 페스티벌(organic festival)의 프랑스어 표기인 'organique fête'의 합성어다. 자연과 조화를 이루는 친환경 카페 브랜드를 향한 의지다. 오페뜨는 30여 가지의 신선한 케이크 위주로 커피와 차를 함께 즐길 수 있는 와플, 시나몬롤, 홈브레드 등을 함께 선보이고 있다. 이곳 블렌딩커피는 갓 볶은 원두를 숙성시켜 7일 이내의 원두를 사용해 마일드하고 뒷맛이 풍부하다. 케이크의 맛을 한층 돋우는 역할을 제대로 해낸다.

늘 손님으로 붐비는 서래마을 매장으로 들어서면 쇼케이스에 펼쳐진 쁘띠케이크의 향연이 눈을 먼저 즐겁게 한다. 어떤 것을 주문할지

오페뜨의 블렌딩커피

오페뜨 내부 모습

언제 먹어도 질리지 않는 다양한 케이크들

오페뜨의 타르트

행복한 고민에 빠지는 건 당연지사. 가장 유명한 당근케이크를 마음에 두고 입장한 손님이라도 호시탐탐 다른 케이크를 맛보기 위해 배를 비우고 오는 경우가 많다. 오페뜨의 케이크는 대한민국 국가기능장인 이세철 셰프가 만든다.

국내산 친환경 당근을 사용해 만드는 '캐럿쁘띠'는 단연 인기 메뉴. 질지 않은 케이크시트에 함량 높은 크림치즈를 사용해 부담 없이 먹기에 좋다. 파운드케이크같이 차지고 꽉 찬 빵이 3단에, 부드럽고 깔끔한 맛의 크림이 빵 사이에 듬뿍 들어 있다. 빵이 입자가 거칠지만 부드럽고 향긋한 느낌이라 크림과 같이 한 입 먹으면 입안에서 사르르 녹는 것같이 부서지는 부드러운 맛이다. 촉촉한 시트 사이사이 들어 있는 필링은 연하게, 위쪽의 크림치즈는 진하게 배치해 그 맛의 조화가 적절하다. 오페뜨의 당근케이크는 크림치즈의 달콤하고 묵직한 질감이 더 느껴지고 견과와 시나몬향이 약간 진하게 나는 편이다. 하지만 과하지 않고 적당한 당근채와 계피향이 맛의 밸런스를 잡아준다. 이런 이유로 하루에도 셀 수 없이 쇼케이스에 리필되는 상황.

이 밖에도 진한 뉴욕치즈케이크 맛의 뉴욕치즈쁘띠, 그 비주얼이 예뻐 반해버리는 레몬크림치즈타르트쁘띠도 인기다. 레몬크림치즈타르트쁘띠는 상큼하면서 치즈향이 진하게 느껴진다. 카카오쁘띠는 예상과 다르게 달지 않다. 빵 부분은 부드럽다기보다는 쫀쫀한 밀도 있는 식감. 단맛이 거의 없다.

오페트의 체리미니타르트

자유의 언덕 8번지
초코케이크

―

지유가오카 핫초메
JIYUGAOKA 8丁目

100

www.jiyugaoka8.co.kr

주소 및 전화번호
서울시 강남구 선릉로 660, 1층(브라운스톤 레전드)
070-4130-2237

영업시간
09:00~23:00(연중 무휴)

대표 메뉴 및 가격
시카코초코케이크(1조각 8,000원)
치즈케이크(1조각 8,000원) 레드벨벳(8,000원) 베이비슈(600원) 뱅오크랜베리(600원)

지유가오카 핫초메(Jiyugaoka 8丁目)는 서울, 시카고, 일본의 호텔 페이스트리부의 경력을 지닌 주인이 운영하는 일본식 디저트 카페. 일본식 수제케이크와 베이커리 전문점이다. 너무 달지 않은 맛으로 사랑받는 시카코초코케이크와 부드럽고 진한 맛의 블루베리치즈케이크가 인기 메뉴. 지유가오카는 일본 도쿄의 한 지역명으로 자유의 언덕이라는 뜻이다. 일본의 20~30대 여성들이 가장 살고 싶은 동네로 예쁘고 고급스러운 숍이 즐비해 있고, 유명한 셰프의 윈도 베이커리들도 많기 때문에 도쿄의 베이커나 디저트 트렌드가 시작되는 곳이다. 지유가오카 핫초메의 오너셰프가 도쿄에 근무했을 때 살던 동네가 바로 지유가오카인데, 원래 4번지까지밖에 없는 곳이나 오너셰프가 그곳을 너무 좋아한 나머지 일본에서는 행운을 뜻하는 숫자 8을 넣어 지유가오카 핫초메라 이름 지었다.

수제케이크 전문점답게 다양한 케이크가 쇼케이스에 진열되어 있다. 그중 지유가오카 핫초메의 대표케이크인 시카고초코케이크는 묵직한 다크초콜릿의 맛과 향이 느껴지는 케이크다. 군더더기 없는 전형적인 케이크. 기본에 충실하며 보기에 비해 많이 달지 않다. 브라우니처럼 쫀득하면서 진한 초콜릿 맛이 나는 초코케이크가 아니다. 속은 촉촉하고 입안에서 사르르 녹아내리는 맛이다. 물결치듯 흘러내리는 가나슈의 입자가 곱다.

　사계절 인기 메뉴인 '아키'는 그 비주얼에서부터 미각을 자극한다. 시카고초코케이크에 4단으로 생크림이 샌드되어 더욱 부드러운 맛이 나는 초코생크림케이크다. 촉촉하면서도 달콤한 케이크는 높이감에서 일단 만족스럽다. 아키라는 이름은 일본어로 가을을 뜻하는데, 각 지점마다 아키, 하루, 후유, 나츠 등 그 이름을 달리해서 판다. 매장

지유가오카 핫초메의 시카고초코케이크와 유리병에 담겨 색다른 맛을 전하는 아메리카노

여름 인기 메뉴인 망고팥빙수

지유가오카 핫초메의 대표 케이크인 시카고초코케이크

지유가오카 핫초메 내부 모습

일본에서 공수해 온 아기자기한 소품들

마다 키우는 강아지의 이름을 붙인 것. 케이크와 함께 먹으면 좋은 아메리카노는 유리병에 담겨 색다른 맛을 전한다. 또 여름에는 망고팥빙수가 인기인데, 우유얼음 위에 싱싱한 생망고가 가득 담겨 나온다. 직접 끓인 망고소스가 맛을 더하고, 애플민트는 마지막 포인트.

매장에 들어서면 아기자기한 소품들로 인테리어 되어 있어 볼거리가 넘친다. 주로 일본에서 공수해 온 소품들이어서 마치 일본에 온 듯한 착각을 일으킨다. 지유가오카 핫초메는 청담동, 신사동, 압구정동, 삼청동 등 서울시 각 지점에서 만날 수 있다. 최근에는 새벽 2시까지 연장영업을 실시해 늦은 시간까지 달달한 디저트를 마음껏 맛볼 수 있는 카페가 됐다.

나이테가 보이는 달콤한 나무디저트
바움쿠헨

패션 5
PASSION 5

주소 및 전화번호
서울시 용산구 이태원로 272, 02-2071-9505

영업시간
07:30~23:00(연중 무휴)

대표 메뉴 및 가격
바움쿠헨(1만 4,000원~3만 원)

바움쿠헨은 오랜 나무 모양을 본떠 높다랗게 만든 케이크다. 독일어로 바움은 나무, 쿠헨은 과자를 뜻하는데 한 마디로 나무케이크다. 200년 넘게 독일의 명물이었던 바움쿠헨은 케이크를 잘라보면 꼭 통나무의 나이테와 비슷한 황금빛 고리가 켜켜이 둘러져 있다. 이는 반죽을 얇게 밀어 심대에 감으면서 구워내서다. 독일에서는 일반 서민들이 즐겨 찾는 과자로 터키의 케밥처럼 원하는 만큼 잘라서 무게를 달아 살 수 있다. 카스텔라처럼 부드러운 바움쿠헨을 디저트의 천국 '패션 5(Passion 5)'에서 만날 수 있다.

'소보로, 레몬크림을 품다'

유자 바움쿠헨

패션 5의 롤케이크들

'아름다운 당신을 위한 꽃 케이크'

　이태원로에 자리한 '패션 5'는 베이커리, 파티셰리, 초콜릿, 카페의 4가지 섹션에 고객을 향한 열정을 더한 다섯 가지를 의미한다. SPC 그룹이 디저트 갤러리를 표방하며 오픈한 패션 5는 웅장하고 세련미 넘치는 인테리어와 독특한 이름과 화려한 디자인을 자랑하는 메뉴로 눈과 입을 동시에 만족시킨다. 아마 외관으로만 봐서는 디저트 카페인지 모르고 지나치는 사람도 많을 법하다. 하지만 이젠 명실상부 이태원의 명소이자, 여성들이 주말에 가고 싶은 곳의 1순위다. 건물 입구에 들어서면 대형 샹들리에가 눈길을 사로잡는다. 두 건물 유리창 사이로 비치는 샹들리에가 시선을 압도하고, 매장 안으로 들어서면 디저트 파라다이스로 입장하는 듯하다. 달콤한 유혹의 손길을 결

독특한 이름과 화려한 디자인을 자랑하는 패션 5의 메뉴들

'딸기 비 내리는 달콤한 어느 날'

코 뿌리칠 수 없다. 고급 부티크 같은 초콜릿 매장을 지나면 벽면에 바움쿠헨이 뱅글뱅글 돌아가는 것이 보인다. 아몬드, 달걀을 사용해 21번을 구워 촉촉하고 부드러운 맛을 자랑한다. 특히 매장 내부에서 바움쿠헨이 구워지는 모습을 모형으로 볼 수 있는 것이 가장 큰 장점. 쇼케이스에 진열된 바움쿠헨은 3종류의 사이즈로 박스 포장되어 있다. 한 입 베어 물면 적당히 부드러운 식감에 담백하면서 달달한 맛이 조화롭다.

　넓은 매장 안에는 빵굽는 냄새와 함께 수십여 종의 쿠키, 빵, 케이크 등이 넘친다. 디저트 종류를 모르는 사람들조차 둘러보는 것만으로도 공부가 된다. 특히 매장 한가운데 마련한 쇼케이스 '케이크 케이크'에선 저절로 발길을 멈추게 된다. 케이크 하나하나가 예술작품을 감상하는 것만 같은 느낌이다. 무엇보다 제품의 작명에도 센스가

패션 5 내부 모습

빙글빙글 돌아가는 바움쿠헨

넘친다. '세상에나 세상에나 어떻게 이런 맛이', '한남동 핫도그', '나만의 작은 꽃이 되어주세요' 등 톡톡 튀는 이름과 이에 걸맞은 디자인으로 여심을 사로잡기에 충분하다. 하지만 럭셔리한 분위기답게 가격은 저렴하지 않은 편. 자동차를 타고 간다면 발레파킹도 가능하다.

맛깔스런 재료와 화려한 이름을 자랑하는 프리미엄 디저트,
호텔 베이커리 부럽지 않은 동네빵집의 특급 디저트,
담백하면서 영양까지 풍부한 건강 디저트….

Right Now Dessert **part 2**
우리 동네 맛자랑

촉촉하고 쫄깃하고 쫀득한 프랑스 전통 빵
크루아상

―

라몽떼
LA MONTÉE

주소 및 전화번호
서울시 광진구 능동로4길 61, 02-6406-6919

영업시간
09:00~20:30 (일요일 휴무)

대표 메뉴 및 가격
산딸기크로아상(3,800원)
파인코코크로아상(3,800원) 슈디아망(1,300원)

프랑스어로 초승달을 의미하는 '크루아상'은 유럽의 아침식사로 대중적인 빵이다. 빵의 속살은 질 좋은 버터를 충분히 넣은 반죽을 여러 번 접기 때문에 층층이 버터의 풍미가 느껴진다. 크루아상은 프랑스의 전통 빵이라고 알려져 있지만, 사실 헝가리에서 처음 만들어졌다. 이후 오스트리아로 전해졌고 마리 앙투아네트가 프랑스로 건너가며, 유럽의 아침 식사빵으로 자리 잡게 되었다.

일반 크루아상을 떠올리면 광택이 나는 갈색의 겉 부분은 바삭하고, 하얀 속살이 부드러운 실크 느낌이지만 '라몽떼(La Montée)'의 산딸기크로아상과 파인코코크로아상은 특별하다. 확연히 느껴지는 무게감은 속을 알차게 채운 필링과 겉을 단단하게 감싸고 있는 아몬드크림이 합쳐진 결과다.

산딸기크로아상에는 산딸기퓨레를 섞은 아몬드크림을 올려 은은한 풍미를 살렸다. 크루아상을 덮은 아몬드크림은 잘 구워낸 아몬드쿠키 같다. 속결은 촉촉하고 쫄깃쫄깃하며 쫀득하다. 가득한 산딸기

산뜻한 달콤함을 사랑하는 여성 고객이 선호하는 라몽떼의 크루아상들

　필링은 상큼하게 맛의 반전을 꾀한다. 파인코코는 파인애플 조각이 크루아상 안에 들어 있다. 구운 파인애플의 향미는 개운하면서도 코코넛크림 맛을 적절히 중화시킨다. 산뜻한 달콤함을 사랑하는 여성 고객이 가장 선호하는 제품들이라고.
　라몽떼가 자리한 자양동에는 윈도 베이커리가 드물다. 강남, 홍대의 대표 베이커리에서 경력을 쌓은 장은철 셰프가 오너셰프로서 오픈한 베이커리의 위치로는 조금 의외다. 하지만 장 셰프에게 자양동은 특별하다. 그가 유년시절부터 지금껏 살아온 '고향'이기 때문이다. 손님이 이웃이자 친구다.
　베이지 톤으로 아늑하게 꾸민 라몽떼는 마치 프랑스의 오래된 가정집처럼 손님들을 반겨준다. 그래서 라몽떼는 자양동의 사랑방으로 자리 잡았다. 프랑스 정통 베이커리기 때문에 모든 공정 과정 역시 프랑스식으로 진행된다. 직접 배양하고 발효시킨 천연효모종을 듬뿍 넣고 나무로 만든 자연발효실에서 장기간 자연발효를 한다. 효소를 많이 넣어 신선도를 유지시켜 오랜 기간 보관할 수 있다. 건강빵은 매장에서 판매하는 잼을 곁들이거나 샐러드용 혹은 전채용으로 적합하다. 디저트는 차와 함께 곁들이면 지친 오후의 달콤한 휴식이 된다.

라몽떼의 시간은 빵을 중심으로 흐른다. 모두가 휴식을 취하는 밤 10시, 매장 인근에 있는 공장에서는 다음 날 손님들에게 선보일 빵을 만들기 시작한다. 일반적인 베이커리라면 겨우 몇몇 제품이 매대를

라몽떼 내부 모습

프랑스 정통 빵들

크루아상과 뺑드쇼콜라

스콘

채우고 있을 오전 8시, 라몽떼는 매장 내 모든 진열대를 신선한 빵으로 채우고 손님을 맞을 준비를 한다. 장은철 셰프는 이것이 정통 프랑스식 공정과정이라 설명한다. 라몽떼의 모든 포커스는 빵에 맞춰져 있다.

쇼케이스에서 화려한 색을 뿜내는 슈디아망은 다양한 맛의 크림으로 속을 채운 미니 쿠키 슈다. 6가지 다채로운 색상이 눈길을 끈다. 무슬린 크림을 기본으로 다양한 재료가 추가됐다. 사과슈디아망을 한 입 베어 물면 입안 가득 사과향이 퍼진다. 차가운 사과슈디아망의 크림은 마치 부드러운 사과셔벗의 맛을 연상시키기도 한다. 오렌지 과육이 씹히는 오렌지슈디아망 역시 무슬린크림과 오렌지주스의 조합으로 신선한 오렌지 맛을 그대로 재현한다. 산도는 낮추고 상큼함

라몽떼의 쇼케이스를 가득 채운 미니 쿠키 슈, 슈디아망

화려한 색을 뽐내는 슈디아망

은 살렸다. 사실 슈디아망은 속을 채우는 크림보다는 겉을 감싸고 있는 쿠키 슈퍼프가 달아 아이들의 간식으로도 안성맞춤이다.

싱싱한 산딸기가 오밀조밀
바닐라생크림케이크

―

키다리 아저씨
DADDY-LONG-LEGS

주소 및 전화번호
서울시 마포구 성미산로 22, 02-6489-4200

영업시간
08:30 ~ 23:00 (명절 휴무)

대표 메뉴 및 가격
바닐라생크림케이크(4,000원) 치아바타(2,000원)
고로케(1,600원) 천연발효살구빵(3,500원)

베이커리 '키다리 아저씨(Daddy-Long-Legs)'는 이름부터 정겨운 동네빵집이다. 우리 땅에서 나는 우리 밀과 천일염을 이용해서 신선한 빵을 만든다. 성산동의 한적한 주택가에 자리한 키다리 아저씨의 빵은 100퍼센트 우유버터, 우유생크림을 사용한다. 첨가제와 방부제를 전혀 넣지 않아, 동네 주민들의 건강지킴이 역할을 톡톡히 한다. 아이와 함께 가족 모두 안심하고 먹을 수 있는 곳이다. 동명의 소설처럼 늘 곁에서 지켜줄 것 같은 빵집이다.

횡단보도 바로 앞에 있는 매장은 에메랄드빛 하늘색으로 페인트가 칠해져 있고, 빵집을 듬직하게 지켜주는 가로수가 소담하게 서 있다. 전봇대와 가로수 한 그루가 일부러 인테리어를 한 것처럼 묘하게 조화롭다. 문을 열고 들어서면 작은 테이블과 의자가 있어 음료와 빵을 즐길 수 있는 공간도 마련되어 있다. 실제로 주인의 키가 클 것으로 예상했는지, 주인을 만나지 못한 손님 중에는 직원에게 주인의 생김새를 묻는단다. 궁금증을 풀어주기라도 하듯이 '혹시 키다리 아저씨를 찾으시나요? 저희 빵집에 키가 큰 아저씨는 없지만 마음씨 착한

키다리 아저씨의 빵과 케이크, 쿠키들

아저씨가 빵과 케이크를 만들고 있어요'라는 메시지가 매장 가운데 붙어 있다.

  넓지 않은 매장이지만 인기 메뉴가 많다. 오븐에서 따끈따끈하게 구워져 나오는 천연발효바게트와 유기농호밀빵 냄새가 매장에 가득하다. 올리브가 콕콕 박힌 치아바타는 폭신한 식감이 말랑하게 느껴진다. 제품과 창밖에 붙어 있는 웃는 얼굴에 빵모자를 쓴 로고가 키다리 아저씨의 트레이드마크다. 오후 1시쯤에는 거의 모든 빵이 나와 있다. 시식해볼 수 있도록 잘게 썰어놓는데, 동네빵집의 인심을 말해준다.

  키다리 아저씨 케이크는 인기 메뉴. 첨가물을 사용하지 않고 100

퍼센트 우유생크림만 사용해 달지 않고 계속 찾게 되는 부드러운 케이크다. 컵케이크 모양의 바닐라생크림케이크와 레어치즈케이크가 많이 팔린다. 바닐라생크림케이크 위에는 20여 개의 싱싱한 산딸기가 오밀조밀 올라와있다. 톡톡 입안에서 터지는 산딸기와 함께 크림을 듬뿍 떠먹으면 바닐라빈도 느껴진다.

  일본의 시골 빵, 이나까도 맛있다. 같은 시골빵인 프랑스의 깜빠뉴와는 다르게 포실하고 고소하면서 담백한 맛을 자랑한다. 키다리 아저씨의 이나까는 크랜베리와 건포도, 호두를 듬뿍 넣어 고소함과 새콤함이 잘 조화된 맛이다. 매장에는 직접 절인 청으로 만드는 상큼한 오렌지, 레몬, 자몽 에이드도 있다. 무엇엔가 지치는 날에는 이곳에 들러 마음과 입맛을 충전하기에 안성맞춤이다.

키다리 아저씨의 인테리어

100퍼센트 생크림롤케이크

오리지널크레마롤

크레마롤
CREMA ROLL

'크레마롤(Ceama Roll)'은 에스프레소의 조밀한 황금빛 갈색의 거품을 뜻하는 크레마와 롤의 합성어다. 커피와 잘 어울리는 롤케이크란 의미를 담았다. 대표 메뉴인 오리지널크레마롤은 부드러운 카스텔라스펀지와 담백한 천연생크림으로 화학 첨가물을 전혀 넣지 않고 만든다. 유기농 밀가루, HACCP 인증 농장의 친환경 달걀, 우유로 만든 100퍼센트 생크림이 전부다. 판매는 냉장보관을 통해 신선함을 유지하고 있다.

쇼케이스에 있는 샘플 롤케이크를 보고 주문하면, 냉장고에서 셰프가 직접 꺼내어준다. 길이 16.5센티미터, 지름 10센티미터, 중량 330그램의 반원형롤케이크다. 노란색의 귀여운 케이스를 열면 다섯 개의 케이크 조각으로 포장되어 있다. 냉동된 상태에서 구입했을 땐 1시간 후에 먹는 것이 최적의 타이밍. 생크림은 너무 달거나 느끼하지 않고 풍부한 우유맛 그대로다. 깔끔하게 떨어지는 크림맛이 일품.

www.cremaroll.com

주소 및 전화번호
서울시 용산구 두텁바위로 5, 070-4843-7879

영업시간
평일 07:30~24:00, 주말 07:30~22:00

대표 메뉴 및 가격
오리지널크레마롤(18,000원) 레드빈크레마롤(20,000원)

차갑게 먹을 때 최상의 맛을 느낄 수 있다. 매장에는 멀리 가는 손님을 위해 아이스박스가 가득 쌓여 있다. 포장하면 신선함을 유지하도록 냉매를 넣어주고 상자 안에서 케이크가 뭉개지지 않도록 처리해준다. 게다가 2개 이상 주문하면 전국 각지로 배달되기 때문에 안방에서 맛볼 수도 있다.

크레마롤 팩토리는 원래 유기농 빵을 전문적으로 만드는 이상용 베이커리였다. 하지만 2년 전부터 선보인 크레마롤이 인기를 끌면서 상호와 간판을 대표제품인 크레마롤 팩토리로 변경했다. 때문에 매장에는 크레마롤뿐만 아니라 다양한 건강 유기농 빵도 마련되어 있다. 숙대입구역 갈월동 주민들의 건강한 동네빵집 역할도 잊지 않고 있다.

이상용 셰프는 재료 원래의 맛을 살리는 황금비율을 찾기 위해 숱

크레마롤 내부 모습

크레마롤의 빵들

오리지널크레마롤

레드빈크레마롤

한 밤을 지새웠다. 유명한 롤케이크 전문점의 레시피 그대로 만들어 보기도 했지만, 결국 최상의 원료를 유지하는 것이 정답임을 알게 된 것. 크레마롤에서는 오리지널뿐만 아니라 다양한 맛으로 골라 먹을 수 있다. 녹차, 딸기, 레드빈, 초콜릿, 오레오, 블루베리플루츠 등 입맛대로 주문하면 된다. 아쉽게도 본점에서 별도의 음료는 판매하지 않는다.

유행보다 힘센 추억의 맛
단팥빵

장 블랑제리
JEAN BOULANGERIE

빵은 구한말 선교사들이 들여온 먹을거리다. 100년이 지난 지금도 남녀노소 누구나 즐기는 간식이자 식사인 빵. 그중에서 빵의 대명사로 불리는 '단팥빵'은 고작 반죽한 밀가루 덩어리 사이에 든 팥이 전부지만, 흰 우유와 함께 먹던 어린 시절의 추억이 고스란히 담겨 있는 잊지 못할 추억의 빵이다. 운동회 날, 크림빵과 단팥빵 중 고민 없이 택했던 단팥빵이 이젠 각양각색의 디저트로 재조명 받고 있다. 그중에서 '낙성대 빵집'으로 더 유명한 '장 블랑제리(Jean Boulangerie)'는 20년 동네빵집의 자존심을 지켜온 대표 단팥빵집이다. 최근 유행처럼 대두되는 동네빵집의 원조다.

장 블랑제리의 단팥빵은 그 크기가 일반 단팥빵의 2배다. 단팥빵의 무게만도 200그램. 한마디로 묵직하다. 장형건 셰프는 외국 사람들이 빵을 한 끼 식사로 먹는 것처럼 빵이 빵같이 먹음직스러워야 한다고 생각한다. 지금 쓰고 있는 빵 포장지는 원래 사이즈로 2개가 들

주소 및 전화번호
서울시 관악구 낙성대역길 8, 02-889-5170

영업시간
08:00~21:00(일요일 휴무)

대표 메뉴 및 가격
단팥빵(1,500원) 크림치즈번(2,000원)
생크림팥빵(2,000원)

어갔던 것. 1996년 매장을 오픈할 당시엔 이렇게 크지 않았다. 그러다 우리나라 최초의 빵집이자, 단팥빵이 하루에 2만 개 팔린다는 '이성당'의 대두앙금을 접하고 저당을 쓰면서 지금의 크기가 됐다. 제법 큰 어른의 손에도 가득 찰 정도다. 그 크기에 비해 가격이 저렴한 편. 단팥빵은 가장자리에 검은깨가 송송 박혀 있다. 반으로 나눠보면 묵직하게 속이 꽉 차 있다. 가장자리에서 씹어도 팥이 바로 씹힐 정도로 앙금이 많다. 단팥빵이란 이름값을 제대로 한다. 맛보다 보면 호두와 견과류가 씹힌다. 누군가에겐 너무 달다는 평도 있지만, 한 끼 식사 대용으로 충분할 만큼 든든하고 흰 우유와 함께 먹으면 딱이다.

장 블랑제리는 1996년 지금의 자리에서 열 평 남짓한 규모로 시작해 지금까지 꾸준하게 이어왔다. 장 셰프가 베이커리를 오픈할 당시

이름값을 제대로 하는 장 블랑제리의 단팥빵

장 불랑제리 내부 모습

엔 어둡고 삭막했던 이 모퉁이가 이제는 노릇하게 구워진 빵 냄새로 가득하게 됐다고 회상한다. 낙성대역에서 가까워 찾아가기도 쉽다. 어느 시간 때고 손님들로 붐빈다. 인근 대학교인 서울대 학생뿐만 아니라, 입소문을 타고 전국에서 온 손님들 때문에 오후가 되면 품절되기 일쑤. 하루에 약 2,000개 생산되는 단팥빵은 매장에 진열되어 있지 않다. 계산대에서 개수를 말하면 바로 챙겨준다. 매장에 없다고 당황하지 말 것. 단팥빵이 갓 구워서 나오는 시간은 12시에서 1시 반 사이다. 팥빵은 뜨거울 때 당도가 더 느껴지기 때문에 조금 식힌 후 먹는 게 좋다. 이 밖에도 생크림팥빵, 크로켓, 크림치즈 번 등 다양한 빵들이 함께 있어 더욱 즐겁다.

사계절 즐길 수 있는 딸기 컬렉션
딸기타르트

나눔과 베품
SHARE & RENDER

주소 및 전화번호
서울시 동작구 흑석로 108, 02-821-7804

영업시간
07:30~23:30

대표 메뉴 및 가격
딸기타르트(5,900원) 딸기소보루(2,000원)
베이비슈(600원) 뺑오크랜베리(2,000원)

향도, 맛도 달콤한 딸기가 사르르. 새빨갛게 익은 딸기는 비타민 C가 풍부해 누구나 즐기는 과일이다. 여기 딸기 고유의 맛과 향을 담아 입맛을 사로잡은 빵집이 있다. 서울시 흑석동 '중앙대 빵집'으로 잘 알려진 '나눔과 베품(Share & Render)'. 딸기를 주제로 한 베이커리로 유명하다. 사계절 딸기 컬렉션이 전시되는 갤러리같다. 이중에서

나눔과 베품의 빵들

딸기머핀

딸기초콜릿   딸기소보루

인기인 딸기타르트는 쉘에 부드러운 커스터드크림과 생크림을 가득 채우고 향기로운 딸기를 빼곡히 쌓아 올렸다. 신선한 딸기 맛과 촉촉한 타르트지의 생크림이 조화롭다. 딸기가 새콤달콤하고 생크림 자체에서도 딸기맛이 나면서 시트가 촉촉해 느끼하지 않고 깔끔한 맛이다. 어른 손바닥만 한 크기의 딸기타르트는 포크와 나이프를 이용해 케이크를 잘라먹듯 먹는 것이 좋다.

베이커리 '나눔과 베품'은 18년 동안 변함없이 한자리를 지켜왔다. 3층 건물에 1층은 매장, 2층과 3층은 제빵실이다. 2층에서는 빵을 만들고, 3층에서는 케이크, 샌드위치, 파이류를 만들어낸다.

얇은 슈 퍼프(크러스트) 안에 생크림이 꽉 차 있는 베이비슈

　매장은 전형적인 동네빵집 분위기 그대로여서 더욱 정감이 가는 곳이다. 나눔과 베품 매장은 중앙대학교 병원 건너편 151번 버스 종점 정류장 바로 앞에 있어서 찾기도 쉽다. 또 버스를 기다리면서 배가 고픈 학생들과 동네 주민들이 그 맛과 향에 이끌려 들어가는 곳이다.
　매장으로 들어서면 가운데에 빵이 모여 있고, 시그너처 메뉴인 제철 과일을 이용한 베이커리는 윈도 앞에서 당당히 자리 잡았다. 딸기가 제철인 1월부터 늦은 5월까지는 딸기로 만든 6가지 베이커리가 준비되고, 6월 이후부터는 딸기머핀, 딸기타르트, 딸기소보루가 선보인다. 나눔과 베품이라는 베이커리명에 걸맞게 하루가 지난 빵은 50퍼센트 세일가로 판매한다. 1층 매장에는 빵과 케이크 등 50여 종이 손님을 기다리고 있다.

나눔과 베품의 유명한 딸기소보루도 하루에 120개 이상 판매된다. 입을 살짝 벌린 소보루빵 안에는 생크림이 들어 있고 사이에 딸기들이 얼굴을 내민다. 소보루 반죽에도 딸기를 첨가해서 딸기맛 우윳빛이 감돈다. 아삭아삭 씹히는 딸기와 부드러운 크림, 바삭한 소보루빵이 어우러진다. 50여 종의 빵이 매일 신선하게 구워져 골라먹는 재미가 있다. 베이비슈는 얇은 슈 퍼프(크러스트) 안에 동물성 생크림이 꽉 차 있다. 냉장보관한 것을 바로 먹으면 느끼한 맛이 전혀 나지 않는다. 나눔과 베품의 베이비슈는 커스터드크림이 거의 섞이지 않은 순수 생크림이다. 바닐라빈이 콕콕 박혀 있어 풍부한 향이 느껴진다. 이 밖에도 뱅오크랜베리, 후르츠타르트 등도 인기다.

나눔과 베품의 케이크들

달달한 소보로와 상큼한 크림치즈의 환상 만남
어니언크림치즈슈곰보빵

효자베이커리
HYOJA BAKERY

주소 및 전화번호
서울시 종로구 필운대로 54, 02-736-7629

영업시간
07:30 ~ 24:00

대표 메뉴 및 가격
어니언크림치즈슈곰보빵(3개 4,500원)
콘브레드(5,000원)

　　소보로빵과 크림치즈, 전혀 어울릴 것 같지 않은 이 독특한 조합을 처음 생각해낸 사람은 환갑의 나이가 무색할 만큼 새벽부터 '효자베이커리(Hyoja Bakery)'의 제빵실을 든든하게 지키고 있는 주인장이다. 이곳에서만 만날 수 있는 독창적인 제품인 어니언크림치즈슈곰보빵은 손님들에게 가장 인기가 좋은 빵 중 하나다. 부드러운 크림치즈에 양파를 직접 썰어 넣어 상큼한 향을 더했고 바삭한 소보로가 기분 좋은 달콤함을 선사한다.

　　바게트를 들고 선 인상 좋은 베이커 조각상이 반겨주는 효자베이커리는 전형적인 동네빵집의 모습이다. 윤기가 반들반들한 단팥빵과 양배추를 듬뿍 썰어 넣고 케첩과 마요네즈로 맛을 낸 한국식 햄버거, 이제는 찾는 이가 드물어진 흰앙금생도넛 등 어린시절 동네빵집에서 군침을 삼키게 했던 추억의 빵들이 진열대에 가득하다. 세련된 외관의 대형 프랜차이즈 베이커리들이 득세하는 요즘, 이런 옛스러운 빵들로 장사가 될까 싶지만 외국인들까지 가이드북을 보고 찾아오는 유명 빵집이다.

　　통인동에서 30년 가까이 한자리를 지키고 있는 효자베이커리는 '청와대 빵집'으로 입소문이 자자하다. 벌써 27년째 청와대에 빵을 납품하고 있는데 그만큼 좋은 재료와 친근한 맛, 합리적인 가격을 자랑한다. 환갑의 주인장을 비롯해 제빵실 직원 대부분이 40~50대의 중년들이라니 수십 년 동안 한결같은 마음으로 만들어온 빵 맛이 변할 리 있을까.

　효자베이커리의 '효자' 상품은 단연 콘브레드와 어니언크림치즈를 넣은 슈곰보빵과 베이글이다. 달달하고 부드러운 빵 속에 양파와 옥수수 등 신선한 야채가 듬뿍 들어간 콘브레드는 속을 든든하게 채워줘 식사 대용으로 인기다. 부드러운 슈반죽으로 만든 소보로빵에 효자베이커리에서 독자적으로 만든 어니언크림치즈를 듬뿍 채워 넣은 슈곰보빵은 봉투를 열자마자 양파 특유의 상큼한 향이 은은하게 번진다. 바삭한 슈곰보빵을 한 입 베어 물면 달달한 소보로가 부드럽게 녹아들며 크림치즈와 환상 궁합을 이룬다. 과자처럼 바삭하게 구워낸 베이글과 곁들인 어니언크림치즈베이글도 함께 인기다.

'효자' 상품 어니언크림치즈슈곰보빵

효자베이커리의 추억의 빵들

단팥빵과 곰보빵

밤만주

효자 카페 내부 모습

효자 카페 외부 모습

봉투 한가득 먹고 싶은 빵을 골랐더니 주인아주머니는 활짝 웃으며 갓 만들어 나온 단팥빵과 소보로빵을 덤으로 챙겨준다. 동네빵집에서만 가능한 정겨운 인심이다. 단골손님들에게 전해 들으니 당뇨병이 있는 손님에게는 설탕이 들어가지 않은 빵을 챙겨주고 아토피가 있는 아이를 둔 엄마에게는 천연발효빵을, 고혈압으로 고생하는 손님에겐 지방을 최대한 줄인 빵을 권한다고 한다. 오랜 시간 눈을 맞추고 소소한 이야기를 공유한 동네 사람들끼리만 가능한 이 같은 맞춤형 서비스야말로 손님들이 효자베이커리를 다시 찾게 만드는 강력한 힘이다.

최근엔 베이커리 건너편에 조카가 카페를 열어 이곳에서 구입한 빵을 편안하게 먹고 갈 수도 있다.

상큼달콤 색다른 바게트
크랜베리바게트

오월의 종
MAYBELL BAKERY

주소 및 전화번호
서울 용산구 이태원로 229, 02-792-5561

영업시간
11:00~18:00(매주 일요일 휴무)

대표 메뉴 및 가격
크랜베리바게트(3,000원) 무화과호밀빵(2,500원)

　프랑스를 대표하는 빵이라면 단연 바게트를 떠올릴 것이다. 프렌치 베이커리를 표방하며 바게트를 브랜드명에 넣은 대형 프랜차이즈도 있지 않은가. 그만큼 우리에게 친숙해진 바게트지만 여전히 바게트 자체보다는 햄이나 치즈, 혹은 곱게 다진 마늘을 올리는 등 다른 재료를 곁들이는 방식이 더 인기다. 하지만 '오월의 종(Maybell Bakery)'에서 선보이는 크랜베리바게트를 먹어보면 바게트 고유의 쫄깃한 식감과 구수한 풍미에 새삼 반하게 될 것이다.

　바게트를 만드는 방법은 간단하다. 밀가루에 물과 소금, 이스트만을 넣어 되직하게 반죽하고 몇 시간 발효시킨 후 오븐에 구워내면 끝! 싱거우리만큼 단순한 레시피지만 누가 만드느냐에 따라 그 맛이 천차만별인 것 또한 바게트다. 균일하면서도 풍부한 기공과 쫄깃한 식감, 씹을수록 배어나오는 깊은 풍미는 반죽과 숙성 과정에서 판가름 난다. 때문에 이 과정을 단축시킬 수밖에 없는 대량생산 구조에선 제대로 된 정통 바게트의 맛을 내기가 사실상 불가능하다.
　이태원의 유명 빵집인 오월의 종은 천연발효종을 이용해 바게트를 만드는데, 특히 상큼달콤한 크랜베리를 듬뿍 넣은 바게트는 본연의 구수한 향과 말랑말랑한 과육의 식감이 어우러져 내놓기가 무섭게 가장 먼저 품절되는 베스트셀러다. 반죽 상태에서 두 시간, 성형을 한 후 다시 두 시간을 발효시키다 보니 정통 바게트의 쫀득한 식감이 그대로 살아 있다. 프랜차이즈 베이커리에서 맛보던 가볍고 밀가루의 식감이 강한 바게트와 비교하면 훨씬 묵직하면서도 소화는 오히려 편안하다. 함께 곁들일 재료가 생각나지 않을 만큼 바게트 하나만으로도 충분히 입안이 풍성하고 즐겁다. 이 외에도 달큰한 무화과가 빼곡하게 들어찬 무화과호밀빵과 담백한 통밀빵, 고소한 치즈향이 매력적인 치즈볼 등이 인기가 좋다.

대량생산과 규격화된 맛에 대항해 오랜 시간과 정성을 들인 소량의 빵들로 승부하는 이른바 '동네빵집 시대'의 선두주자로 꼽히는 오

쫀득한 식감이 그대로 살아 있는 바게트들

샤워종호밀오렌지

크랜베리바게트

다양한 샤워종 빵들

오월의 종의 호밀롤과 통밀롤

 오월의 종은 오픈시간 전부터 작은 가게 앞 손님들로 북적인다. 11시에 빵집 문을 열지만 진열대를 가득 채운 빵들은 금세 동이 난다. 일부 인기 메뉴들은 눈 깜짝할 새 사라지기 때문에 단골손님일수록 서둘러 줄을 선다고. 최근 이태원 근처에 2호점을 오픈했는데 사정은 마찬가지다. 늦은 오후에 갔다간 텅 빈 진열대만 구경하고 올 공산이 크다.

 이처럼 많은 사람들이 오월의 종을 즐겨 찾는 이유는 간단하다. 버터와 설탕을 사용하지 않고 오직 밀가루와 물, 천연효모만으로 빵을 빚는다. 더 좋은 맛을 내기 위해 덧붙이는 재료가 있다면 베이커의 따뜻한 체온뿐이다. 그래서일까, 오월의 종에서 내놓는 빵들은 하나같이 담백하고 간결하다. 기본을 지키며 우직하고 정직하게 구워내는 빵들은 매일 먹어도 질리지 않는다.

소박한 시골빵의 매력
깜빠뉴

슬로우브레드에버
SLOW BREAD EVER

이름부터 정겹다. 깜빠뉴(campagne). 프랑스어로 시골이란 의미다. 그만큼 만들기도 쉽고 어떤 재료와도 어울리며 밥처럼 우직하고 든든한 빵이다. 국내에선 건강빵의 인기와 함께 새롭게 주목받기 시작했는데, 어느새 베이커리마다 꼭 갖춰놓는 기본 중의 기본이 됐다. 그런데 옥인동 골목길에 자리한 '슬로우브레드에버(Slow Bread Ever)'는 이 깜빠뉴만으로 유명세를 얻고 있는 동네빵집이다.

슬로우브레드에버가 자리한 옥인동 일대는 최근 들어 소규모 공방과 갤러리, 아기자기한 카페들이 들어서며 관심을 모으는 지역이다. 하지만 평범한 주택가 주차장 안쪽에 자리한 빵집은 웬만큼 눈썰미가 좋지 않고서야 그냥 지나치기 쉬운 자리다. 게다가 빵이 나오는 시간을 적어둔 작은 입간판을 제외하고는 이곳이 빵집임을 알려주려는 노력조차 보이지 않는다. 실제로 슬로우브레드에버의 주인장은 그저 혼자 빵을 굽고 연구하는 작업공간을 확보할 목적으로 월세가 싼 곳을 찾아다니다 이곳에 둥지를 틀게 되었다고 한다.
　당뇨병을 앓고 있는 부모님을 위해 몸에 좋은 빵을 만들어보고 싶

주소 및 전화번호
서울시 종로구 옥인길 8, 02-734-0850

영업시간
12:00~19:30(매주 월요일 휴무)

대표 메뉴 및 가격
깜빠뉴(4,500원 미니사이즈 1,900원)
시금치식빵(5,500원) 밤꿀통밀(5,000원)

겉은 바삭하고 속은 촉촉한 깜빠뉴

다는 생각을 하게 됐다는 그녀는 홀로 책을 보고 빵을 만들기 시작한 지 7년 만에 자신만의 작은 빵집을 열게 되었다. 처음엔 독학으로 익힌 자신의 빵을 검증받고 싶다는 생각에 판매를 시작했는데 손님들의 반응이 뜨거웠다. 빵집 문을 열기도 전에 손님들이 줄을 서는가 하면 멀리 강남에서 일부러 찾아오는 손님도 있다. 이들은 하나같이 슬로우브레드에버의 좋은 재료와 건강한 맛에 매료되었다고 입을 모은다.

슬로우브레드에버는 오픈 때부터 첨가제나 방부제가 들어가지 않은 유기농밀가루를 프랑스와 호주, 캐나다에서 수입해 쓴다. 실제로 빵집 곳곳에는 각국에서 들여온 밀가루 포대가 쌓여 있어 더욱 믿음이 간다. 효모는 직접 발효시키는 천연효모를 사용하고 반죽한 밀가루는 5시간에서 최대 18시간까지 발효과정을 거친다. 이를 통해 빵 종류마다 최상의 맛과 식감, 풍미를 가질 수 있도록 매일 연구하고 또 실험한다.

이곳의 대표 메뉴는 깜빠뉴인데 겉은 바삭하고 속은 촉촉한 특유의 식감이 잘 살아 있다. 또 시골빵답게 구수한 향과 씹을수록 담백한 쫄깃함을 느낄 수 있어 단골손님들이 제일 먼저 찾는 메뉴다. 캐나다산 밀가루와 미국산 호두, 크랜베리를 함께 반죽해 18시간 동안 저온 발효시킨 크랜베리저온발효빵과 거친 제분의 통밀을 절반 이상 넣어서 구수한 식감을 살리고 밤꿀로 달콤한 여운을 남긴 밤꿀통밀은 젊은 엄마들이 즐겨 찾는 메뉴다. 이 같은 담백한 빵 외에도 단팥빵과 촉촉한 피낭시에, 초코소라빵, 시나몬롤 등 달콤하게 즐길 수 있는 빵 종류도 함께 구워내 다양한 맛을 즐길 수 있다.

슬로우브레드에버의 대표 메뉴인 깜빠뉴

슬로우브레드에버의 인테리어

초코소라빵

달짝지근 고구마의 기특한 변신
고구마만주

피터팬제과
PETERPAN

주소 및 전화번호
서울시 서대문구 증가로 10, 02-336-4775

영업시간
08:00~22:00

대표 메뉴 및 가격
고구마만주(1,500원) 장발장이 훔친 빵(4,500원)
무화과랑 고구마(4,500원) 행복바구니(5,000원)

구워 먹고 쪄서 먹고 튀겨 먹고, 어떻게 먹어도 맛있는 고구마는 여성들에겐 고마운 다이어트식품이자 아이들에겐 영양만점 간식으로 인기가 좋다. 촉촉한 식감과 달짝지근한 맛 때문에 빵의 속재료로도 다양하게 활용되는데, 그중에서도 만주는 고구마 본래의 맛을 그대

제철 고구마로 속을 꽉 채운 고구마만주

피터팬제과의 만주들

로 살려 누구나 좋아하는 일본식 생과자다. 특히 '피터팬제과(Peterpan)'의 고구마만주는 제철 고구마로 속을 꽉 채워 젊은 엄마들이 즐겨 찾는다.

　일본을 대표하는 생과자 중 하나인 만주는 본래 중국의 만두에서 유래했다. 만두가 돼지고기 등 육류로 속을 채운 반면 불교의 영향을 받은 일본에선 육식을 피하던 당시 사회 분위기 때문에 콩이나 팥으로 만든 앙금을 대신 사용했다. 이후 밤과 호두, 고구마 등 다양한 속재료가 쓰이면서 만주의 종류도 무척 다양해졌다.
　고구마만주는 으깬 고구마에 설탕을 약간 넣어 앙금을 만든 후 밀가루 반죽으로 감싸 오븐에 굽는다. 만드는 과정은 비교적 간단하지만 겉은 바삭하고 속은 부드러운 특유의 식감을 내기가 꽤 까다롭다. 피터팬제과의 고구마만주는 달걀을 많이 사용해 담백하면서도 부드

피터팬제과 내부 모습

호밀빵

아이스모나카

러운 맛과 향을 살리고, 앙금은 고구마 본래의 단맛에만 의지해 부담스럽지 않은 달콤함이 기분 좋다. 고명으로 올린 푸짐한 참깨와 검은깨도 고소함을 더한다. 팥만주와 밤만주도 국내산 재료들만을 이용해 든든하게 속을 채웠다.

좁은 골목길까지 대형 프랜차이즈 베이커리들이 점령한 요즘이지만 연희동 주민들은 피터팬제과의 빵이 전국 최고라며 자부심이 대단하다. 빵이 나오는 시간을 줄줄 꿰고 있어 갓 나온 따끈따끈한 빵만을 구입해가는 단골손님들도 적지 않다. 매일 200여 종의 빵을 만들지만 저녁 무렵이면 대부분의 빵이 동이 나기 일쑤다. 이처럼 연희동 사람들에게 피터팬제과가 특별한 의미를 갖는 것은 30년 넘게 고집스레 지켜온 진득한 빵맛 때문이다. 1970년대 낡은 자전거 바구니에 갓 만든 빵을 싣고 매일 아침 동네 구석구석을 누볐다는 피터팬제과의 주인장 이야기는 어느새 전설이 되었다.

그때부터 화려한 모양새나 달콤한 맛보다 좋은 재료를 이용해 몸에 좋은 빵을 만드는 데 주력한 피터팬제과는 제주산 쑥과 부여산 밤, 평창산 팥 등 정직하고 투명한 재료 공개로 손님들에게서 오랫동안 신뢰를 얻고 있다. 연희동에 살던 전임 대통령들까지 그 맛에 반해 일부러 주문해 먹었다는 소문이 나면서 지금은 서울 전역에서 찾아오는 손님들이 줄을 잇는다.

최근에는 천연발효빵의 인기에 힘입어 유기농 밀가루와 통호밀로 만든 건강빵들을 선보이고 있는데 크랜베리와 각종 견과류가 어우러진 '장발장이 훔친 빵', 뽀얀 아기 엉덩이를 닮은 크림빵 '아기궁둥이', 달달한 단호박과 무화과에 진한 크림치즈까지 들어간 '행복바구니' 등 재미있는 빵 이름들이 즐거운 맛보따리를 선물한다.

피터팬제과의 치즈치아바타

담백한 바게트에 달콤한 연유가 듬뿍
먹물연유바게트

쿄베이커리
KYO BAKERY

바게트의 변신은 끝이 없다. 고소한 버터나 부드러운 생크림을 곁들이기도 하고 고기와 야채를 다져넣어 든든하게 속을 채울 수도 있다. 갖가지 채소와 치즈를 가득 올려 구워내면 피자 못지않은 어엿한 요리가 되기도 한다. '쿄베이커리(Kyo Bakery)'의 먹물연유바게트도 그와 같은 맛있는 변신 중 하나다. 오징어 먹물을 넣고 반죽해 구운 바게트에 달콤한 연유를 듬뿍 채워 풍성한 맛을 즐길 수 있다.

상수동 한편에 자리한 쿄베이커리는 이름에서도 짐작할 수 있듯이 일본식 베이커리를 선보이고 있다. '쿄'는 일본어로 '오늘'이란 뜻인데, 오늘 만든 신선한 빵만을 판매하겠다는 고집이자 약속이다. 덕분에 하루가 멀다 하고 새로운 가게가 들어서고 또 사라지는 홍대에서 7년 넘게 한자리를 지키고 있는 동네빵집이 되었다.
트렌드에 재빠르게 반응하면서도 독창적인 개성을 중시하는 홍대만의 분위기는 이곳 베이커리의 메뉴만 보아도 짐작 가능하다. 달걀

주소 및 전화번호
서울시 마포구 독막로 65-1, 02-794-5090

영업시간
10:00~22:30

대표 메뉴 및 가격
먹물연유바게트(4,300원) 깜장고무신(4,300원)
하얀 슈(2,300원)

머렝치즈케이크

쿄베이커리의 재미있는 빵 '쿄휘날리며'

단골손님들이 가장 먼저 찾는 먹물연유바게트

쿄베이커리의 다양한 빵들

쿄베이커리의 내부 모습

이나 우유, 버터 등을 사용하지 않은 담백한 식사빵부터 천연효모와 장시간 발효시킨 건강빵, 아기자기한 모양과 달콤한 맛으로 눈과 입을 사로잡는 일본식 빵, 다른 곳에선 만나기 어려운 쿄베이커리만의 독창적인 메뉴 등 좁은 공간에 동서양을 아우르는 다양한 빵들이 각각의 매력을 뽐낸다. '깜장고무신', '깨블이', '감~자 봤어', '뽀득이' 등 재치 넘치는 이름도 구경하는 재미를 더한다.

25년 가까운 경력의 오너파티시에가 운영하고 있지만 워낙 다양한 종류의 빵을 만들다 보니 10여 명의 파티시에들이 각자의 장기에 맞는 빵을 구워낸다. 덕분에 반죽부터 발효까지 각각의 빵에 최적화된 과정을 거친다. 그러나 누구나 맛있게, 그리고 안심하고 먹을 수 있

제철 디저트 여름딸기데니쉬

는 빵을 만들겠다는 철학만큼은 모두 똑같다고 한다.

쿄베이커리의 단골손님이라면 가장 먼저 트레이에 담는 빵이 있으니 바로 먹물연유바게트다. 쿄베이커리는 먹물바게트와 먹물치아바타 등 오징어 먹물을 이용한 다양한 빵을 만드는데, 이는 오징어 먹물에 노화방지에 도움이 되는 핵산 성분과 콜레스테롤을 낮춰주는 타우린 성분 등이 풍부하게 들어 있기 때문이다. 장시간 발효시켜 부드러우면서도 쫄깃한 식감이 살아 있는 먹물바게트에 고소한 버터와 달콤한 연유를 섞어 만든 크림을 올려 색다른 맛을 경험할 수 있다. 특히 연유크림이 사르르 녹아내릴 만큼 따끈따끈한 상태로 먹으면 입안 가득 달짝지근한 향이 퍼져 더욱 맛있게 즐길 수 있다.

이 외에도 눈처럼 하얀 빵 안에 부드러운 슈크림과 바닐라빈이 가득 박혀 있는 '하얀 슈', 통아몬드와 호두, 피스타치오, 마카다미아 등 고급 견과류를 가득 넣어 구워낸 스틱빵인 '넛봉', 먹물치아바타

사이에 달달한 통팥과 고소한 연유크림을 듬뿍 채워 넣은 '깜장고무신' 등도 구워내기 무섭게 팔려나가는 베스트셀러다. 빵 속에 상큼한 블루베리와 오렌지필, 레몬필은 물론 부드러운 크림치즈까지 가득 들어간 '후르츠치즈라이'도 디저트 메뉴로 인기다.

촉촉한 크루아상 위에 아몬드가 쏙쏙
아몬드크루아상

토미즈베이커리
TOMI'S BAKERY

버터를 좋아하지 않는 사람일지라도 고소한 향과 입안에서 부드럽게 녹아내리는 크루아상 특유의 촉촉한 식감은 거부하기 어려울 것이다. 여기에 고소한 아몬드와 달콤한 슈거파우더까지 올렸으니 금상첨화! 연남동의 깊숙한 골목길에 문을 열었음에도 금세 입소문을 타고 있는 '토미즈베이커리(Tomi's Bakery)'는 다른 곳에선 맛보기 어려운 독창적인 아몬드크루아상으로 '빵순이'들의 특급 칭찬을 얻고 있다.

토미즈베이커리는 올해 문을 연 그야말로 '신상빵집'이다. 별다른 홍보를 한 것도 아니고 눈에 띄는 번화가에 자리한 것도 아니다. 그 흔한 홈페이지나 블로그도 없고 연남동의 한적한 주택가 뒷골목에 자리해 오히려 열악한 입지조건을 자랑(?)한다. 그럼에도 이 빵집, 입소문이 심상치 않다.

토미즈베이커리의 주인장인 토미가와는 유명 호텔 베이커리의 파티시에 출신으로, 일본에서 처음 빵을 굽기 시작해 프랑스에서도 2년 동안 파티시에로 일하다 국내 대형 제과업체가 스카우트해 한국

주소 및 전화번호
서울시 마포구 연희로1길 19, 02-333-0608

영업시간
11:00~22:00
(매주 월요일, 둘째 넷째 일요일 휴무)

대표 메뉴 및 가격
아몬드크로와상(1,500원) 막걸리앙금빵(1,500원)

에 들어온 지 어느새 18년째다. 베이커리에서 쌓은 경력만 26년이니 그 내공이 어디 갈까. 고급 호텔에서 빵을 굽고 제과업체에 빵 만드는 기술을 전수하는 것도 뜻 깊지만 이제는 자신만의 빵을 만들고 싶다는 소박한 바람으로 문을 연 것이 토미즈베이커리다. 큰 욕심 없이 조용한 동네빵집을 꿈꾸었지만 그의 남다른 손맛을 알아본 손님들은 금세 불어났다.

이곳에선 식빵과 바게트, 크루아상, 앙금빵까지 20여 가지의 다양한 빵들이 아침부터 늦은 오후까지 쉴 새 없이 구워져 나온다. 그동안 다양한 나라와 베이커리를 오가며 쌓은 남다른 경력 덕분인지 제품마다 모두 다른 반죽과 발효, 성형을 거침에도 주인장의 손길은 빠르고 단호하다. 덕분에 일본과 유럽을 아우르는 풍성한 메뉴 구성에도 제품 하나하나 만족스럽지 않은 빵이 없다.

토미즈베이커리를 대표하는 메뉴를 꼽으라면 단연 크루아상과 앙금빵이다. 빵에 칼집을 내고 버터를 밀어 넣은 후 돌돌 말아 초승달 모양으로 구워내는 크루아상은 담백하고 부드러운 맛 때문에 유럽에선 아침식사로 많이 이용된다. 토미즈베이커리의 크루아상은 넉넉한 크기와 버터 고유의 고소한 향내가 어우러져 매일 먹어도 질리

토미즈베이커리의 베트남모카브레드

토미즈베이커리의 식빵

아몬드슬라이스와 슈거파우더를 듬뿍 올린 토미즈베이커리의 아몬드크로와상

지 않는 담백함이 특징이다. 여기에 아몬드슬라이스와 슈거파우더를 듬뿍 올린 아몬드크로와상은 디저트 메뉴로도 손색이 없을 만큼 고소하고 달콤해 여자 손님들에게 인기 만점이다.

우리에게 익숙한 앙금빵도 일본 장인의 손길을 거치니 색다른 풍미를 지니게 됐다. 포천 이동막걸리로 만든 '막걸리 앙꼬'는 하루 이상 저온 숙성한 반죽이 쫄깃함을 더하고 막걸리 특유의 향과 달달한 통팥이 어우러져 색다른 맛의 조화를 이룬다. 오키나와 흑설탕을 공수해 만든다는 '오키나와 앙꼬'는 구수하면서도 부드러운 달콤함이 기분 좋다.

매장에선 빵과 함께 커피도 즐길 수 있는데, 독특하게도 직접 추출해 마시는 베트남 커피만을 낸다. 진한 베트남 커피에 달콤한 연유를 넣으면 그 어떤 빵과도 잘 어울린다.

쫄깃한 빵 속에 달콤한 크림치즈가 듬뿍
달콩(크림치즈빵)
―

노아베이커리
NOAH BAKERY

독특한 향과 짠맛이 특징인 일반적인 치즈와 달리 크림치즈는 크림과 우유를 섞어 만들어 부드러운 식감과 깔끔한 맛이 매력이다. 이 같은 크림치즈를 듬뿍 넣어 만든 '노아베이커리(Noah Bakery)'의 '달콩'은 이름만큼이나 앙증맞은 모양과 달콤한 풍미를 자랑한다. 동그랗고 하얀 빵을 한 입 베어 물면 쫄깃한 빵 사이로 풍성한 크림치즈와 상큼한 크랜베리가 어우러져 기분 좋은 달달함을 선물한다.

일명 '압구정 3대 빵집' 중 하나로 꼽히는 노아베이커리는 방부제는 물론 일체의 화학첨가물을 배제하고 최상의 재료로 맛있고 건강한 빵을 만드는 곳으로 잘 알려져 있다. 캐나다산 유기농 밀가루와 천연발효종을 이용해 오랜 시간 숙성시킨 이곳 빵들은 아이들의 안전한 먹을거리에 관심이 많은 젊은 엄마들의 입소문을 타면서 금세 유명해졌다. 덕분에 최근엔 삼청동에 카페처럼 세련된 분위기의 2호점을 오픈했다.

노아(noah)는 히브리어로 '휴식', '위로하다'라는 의미인데, 이곳 빵을 먹는 이들 모두에게 따뜻한 휴식과 위로를 주고 싶다는 바람을 이름에 담았다. 그만큼 신선하고 좋은 재료를 고집하고 매장에서 판매하는 모든 빵과 케이크는 매일 아침 직접 제조하는 것을 원칙으로

주소 및 전화번호
서울 강남구 압구정로30길 9, 02-546-7588

영업시간
8:00~23:00

대표 메뉴 및 가격
달콩(2,900원) 라우켄(3,000원) 치즈&치즈(4,000원)

한다. 과일이나 곡식, 채소 등에서 자생하는 천연효모를 이용해 반죽을 발효시키기 때문에 숙성기간도 짧게는 사흘에서 길게는 열흘까지 걸리지만 시간과 정성은 비례한다고 믿는다. 또 빵이나 케이크에 들어가는 생크림도 100퍼센트 우유에서 추출해 부드러운 맛과 향, 풍부한 영양소를 그대로 우리 몸에 전달한다.

노아베이커리에서 가장 인기 있는 빵 중 하나인 '달콩'은 촉촉하고 부드러운 빵 속에 필라델피아 크림치즈가 듬뿍 들어 있어 아이들은 물론 어른들도 무척 좋아한다. '치즈&치즈' 역시 쫄깃한 빵과 국내산 롤치즈, 슬라이즈 치즈 등 다양한 치즈의 풍미가 어우러져 영양 간식으로 그만이다. 짭짤한 프레즐 사이에 뉴질랜드산 최고급 버터를 샌드한 '라우켄'도 젊은 손님들에게 인기 만점의 메뉴다. 이 외에도

필라델피아 크림치즈가 듬뿍 들어간 달콩

다양한 치즈가 만나 쫄깃하고 담백한 치즈&치즈

프레즐 사이에 뉴질랜드산 버터를 샌드한 라우켄

노아베이커리 내부 모습

갖가지 견과류를 듬뿍 올린 피칸파이와 입에 넣는 순간 사르르 녹아 사라지는 쉬폰 케이크, 유기농 치즈를 이용해 진한 맛과 향을 채운 타르트 등도 디저트 메뉴로 입소문이 자자하다.

동네빵집으로 시작했지만 압구정의 번화가에 자리하고 있다 보니 아침 일찍부터 베이커리를 찾아오는 직장인들도 많다. 이곳에서 만드는 빵은 영양이 풍부하고 소화도 잘 되기 때문인데, 이에 평일 오전 8시부터 9시 반까지는 단돈 4,800원에 베이커리에서 만드는 다양한 종류의 빵을 무제한으로 즐길 수 있도록 했다. 여기에 매장에서 직접 만든 수제 잼과 음료까지 제공하니 근처 직장인들에겐 부담 없는 가격에 아침 허기를 달랠 수 있는 고마운 빵집이다.

또 멤버십 회원들에게는 품목을 정해 50퍼센트 할인된 가격에 판매하는 '노아데이'도 진행하고 있어 단골손님이 되면 더욱 다양한 혜택을 누릴 수 있다.

맛깔스런 재료와 화려한 이름을 자랑하는 프리미엄 디저트,
호텔 베이커리 부럽지 않은 동네빵집의 특급 디저트,
담백하면서 영양까지 풍부한 건강 디저트….

Right Now Dessert **part 3**
이보다 더 달콤할 순 없다

신비의 과일로 만든 건강한 빵
무화과빵

뿔라야
PULLA JA

무화과는 단맛이 강해 유럽 등에선 오래전부터 식재료로 다양하게 활용되었다. 특히 단백질 분해요소가 풍부하게 들어 있어 식사 후 소화를 돕는 디저트로도 각광받고 있다. 민간에서는 약으로도 사용할 만큼 갖가지 효소와 단백질, 항암물질을 골고루 포함하고 있어 그야말로 '신비의 과일'이라 부를 만하다. 이 같은 무화과를 이용해 만드는 무화과빵은 대표적인 건강빵으로 꼽히는데, 일산에 자리한 '뿔라야(Pulla Ja)'는 여기에 고소한 씨앗류를 곁들여 주부들에게 인기가 좋다.

　뿔라야는 핀란드어로 '행복한 빵'을 뜻한다. 만드는 사람도 행복하고 먹는 사람도 행복한 빵을 팔아보자는 생각에서 지은 이름이다. 때문에 조금 더 손이 가고 시간이 걸리더라도 천연효모를 장시간 숙성하는 방식을 고집한다. 그렇잖아도 갖가지 밀가루 음식에 노출되기 쉬운 현대인들이니 먹고 나서 속이 편안하고 소화도 잘 되는 건강식 베이커리를 만드는 게 뿔라야의 목표다.

주소 및 전화번호
경기도 고양시 일산동구 호수로 606
코오롱레이크폴리스 I A-111, 031-904-8124

영업시간
10:00~22:00

대표 메뉴 및 가격
무화과멀티씨건강빵(2조각 5,000원)
바닐라마카롱(2,000원)

뽈라야 내부 모습

호밀의 구수한 향을 간직한 무화과멀티씨건강빵

뽈라야의 '무화과멀티씨건강빵'은 레드와인에 졸인 무화과와 해바라기씨, 귀리씨 등 다양한 종류의 씨앗을 호밀가루에 넣고 반죽해 달콤하면서도 고소한 맛이 일품이다. 빵 겉면에도 씨앗류를 아낌없이 올려 씹히는 맛이 재미있다. 무엇보다 오랜 숙성을 통해 부드러우면서도 쫄깃한 식감이 탁월하다. 호밀의 구수한 향을 그대로 간직하고 있어 이름 그대로 건강빵이자 데일리브레드로 손색이 없다. 몸에 좋은 천연재료들로만 만든 빵이라 일산 지역 젊은 주부들에게 특히 반응이 좋은데, 달짝지근한 무화과를 푸짐하게 넣어 까다로운 아이들 입맛에도 딱이다.

호밀빵은 대체로 실온에서 하루 정도 보관이 가능하지만 여름처럼 온도가 높은 경우엔 바로 냉동실에 넣어두는 게 좋다. 먹기 전에 실온에서 해동하거나 전자레인지에 살짝 데워 먹어도 부드러운 식감에는 큰 차이가 없다. 뿔라야에서는 무화과빵을 먹기 좋게 조각으로 잘라서 판매하기 때문에, 해동한 후에 치즈와 함께 먹거나 야채와 살라미 등을 곁들여 샌드위치를 만들어 먹어도 한 끼 식사로 부족함이 없다.

뿔라야의 단골손님들이 손에 꼽는 또 하나의 인기 메뉴는 바로 마카롱이다. 만들기 까다롭기로 유명한 마카롱이지만 이곳에선 특유의 바삭하면서도 쫄깃한 식감을 잘 살려내 디저트로 인기 만점이다. 바닐라와 초콜릿, 딸기, 녹차 등 다양한 종류의 마카롱을 만들고 있는데 좋은 재료에 천연색소를 입혀 아이들 간식으로도 좋다. 단맛이 그리 강하지 않아서 커피에 곁들이면 부드러운 맛의 조화를 이룬다. 뿔라야의 마카롱은 하나씩 개별 포장돼 선물용으로도 그만이다.

디저트로 인기 만점인 뿔라야의 마카롱

만드는 사람도 먹는 사람도 행복해지는
뿔라야의 빵들

쫀득쫀득한 모찌와 다양한 맛의 조화
아이스모찌

모찌크림
MOCHI CREAM

www.mochicream.com

주소 및 전화번호
서울시 중구 을지로 30 롯데백화점 지하 1층,
02-772-3997

영업시간
10:30~20:00 (금·토·일~20:30)

대표 메뉴 및 가격
녹차, 더블망고, 카라멜마끼아또 (개당 2,400원)
모찌 6개 세트 (14,000원) 모찌크림+아메리카노 세트 (5,500원)

'모찌(mochi)'는 찹쌀을 찧어 만든 떡을 가리키는 일본어로 우리나라에선 팥으로 속을 채운 찹쌀떡과 같은 의미로 쓰인다. 찹쌀 특유의 쫄깃한 식감에 달짝지근한 팥이 어우러져 남녀노소 누구나 좋아하는 찹쌀떡은 오랜 세월 서민들의 대표적인 영양 간식으로 사랑받았다. 1980년대 중반엔 아이스크림 형태로 개발돼 인기를 끌기도 했는데, 일본에선 이 같은 아이스 모찌를 디저트의 한 종류로 발전시켜 젊은 여성들의 입맛을 사로잡았다. 그 대표적인 브랜드가 '모찌크림(Mochi Cream)'으로 국내에도 매장을 오픈해 좋은 반응을 얻고 있다.

일본 효고현(兵庫県)에 본사가 있는 모찌크림은 지난 2008년에 설립된 재패니즈 스윗츠 델리(Japanese Sweets Deli)로 아이스모찌와 바움케이크, 반숙 카스텔라 등이 대표 메뉴다. 우리나라에선 롯데백화점과 신세계백화점에 9개 매장이 있는데, 특히 롯데백화점 본점은 커피를 함께 즐길 수 있는 카페를 운영하고 있어 점심이나 저녁시간엔 빈 자리를 찾기 어려울 정도다.

한 입 크기의 작은 사이즈로 만들어진 아이스모찌는 속을 무엇으

색다른 재료들과의 조합이 인상적인 아이스모찌

　로 채웠느냐에 따라 색과 모양이 조금씩 달라지는데, 일반적인 팥을 비롯해 녹차와 초코바나나, 스위트포테이토, 망고, 캐러멜마끼아또, 블루베리요거트 등 맛을 상상하기 어려울 만큼 색다른 재료들과의 조합이 인상적이다. 때문에 재료에 따라 20여 종이 넘는 아이스모찌를 골라먹는 재미가 쏠쏠하다. 쫀득쫀득한 찹쌀떡에 다양한 맛을 채우고 덧입혀 입도 즐겁고 영양도 풍부한 디저트로 손색이 없다.
　또 모찌크림이란 이름에 걸맞게 모든 종류의 모찌에는 크림이 들어가는데, 차가운 온도가 느끼함을 잡아주고 입에 넣는 순간 부드럽게 녹아내려 독특한 맛의 조화를 이룬다. 애초 냉장유통을 염두에 둔 제품이라 구입한 후에는 냉장고에 보관해두었다가 하나씩 꺼내 먹으면 모찌 본연의 맛을 그대로 즐길 수 있어 선물용으로도 좋다.

모찌크림의 반숙 카스텔라도 꼭 한번 맛봐야 할 메뉴 중 하나인데, 카스텔라 반죽을 토기에 넣고 특수 제작한 오븐에서 따뜻한 바람으로 익히는 과정을 통해 겉은 촉촉하고 속은 부드러운 특별한 맛이 완성된다. 반숙이라고 하면 익지 않은 속에서 달걀 특유의 비린내가 나지 않을까 싶지만 오히려 달콤하고 녹녹한 식감이 다른 카스텔라들과 차별화된다. 뿐만 아니라 밀가루 대신 쌀가루를 사용하고 버터를 넣지 않아 더욱 담백한 맛을 살린 것도 이곳 카스텔라만의 장점. 나무의 나이테처럼 겹겹이 쌓인 모양이 특징인 바움케이크도 쌀가루만을 이용해 한 겹 한 겹 정성껏 구워내기 때문에 카스텔라 못지않게 부드럽고 촉촉하다. 이들 메뉴는 비교적 단맛이 강하므로 커피와 함께 즐기면 최고의 궁합을 자랑한다.

밀가루 대신 쌀가루를 사용한 모찌크림의 반숙 카스텔라

쫀득한 식빵과 달달한 메이플의 환상 마블링
메이플식빵

카페두다트
CAFE DUDART

www.cafedudart.com

주소 및 전화번호
서울시 마포구 연남로1길 88, 02-334-3876

영업시간
10:00~22:00

대표 메뉴 및 가격
메이플미니식빵(2,800원) 코코아미니식빵(2,300원)

　무엇과 함께 먹느냐에 따라 다양한 맛과 형태로 즐길 수 있는 식빵은 가장 일반적인 주식용 빵 중 하나다. 살짝 구워서 잼이나 버터를 바르기도 하고, 우유에 재운 후 프렌치토스트로 즐기거나 각종 야채와 햄 등을 얹어 샌드위치로 먹기도 한다. 어쨌거나 식빵은 그 자체보다는 곁들이는 음식에 눈길이 가기 마련인데 '카페 두다트(Cafe Dudart)'에선 식빵 하나만으로도 달달한 디저트가 된다.

카페두다트 내부 모습

코코아식빵 카페두다트의 다양한 빵들

　카페두다트는 본래 일본 '다트커피(Dart Coffee)'의 노하우와 기술을 전수받은 원두커피 전문 브랜드로 시작했다. 다트커피는 일본 전역에 수백 개의 커피 전문점을 운영하고 있는 40년 전통의 대표적인 로스팅 전문회사다. 때문에 탁월한 커피 맛과 향으로 입소문을 타던 중 지난 2011년 연남점을 시작으로 베이커리 카페를 표방한 두다트를 런칭했다. 연남점의 경우 카페 한편에 로스팅룸과 베이킹룸이 함께 자리하고 있어 맛은 물론 시각적인 즐거움도 배가된다.

　카페두다트에서 선보이는 빵들은 일본 베이커리 장인인 마에자와 츠토무와 일본 양과자 장인으로 꼽히는 데구치 마사유키가 철저한 제품 연구와 경험을 통해 한국인들의 입맛에 맞춰 개발한 특별한 레

숙성한 반죽에 겹겹이 메이플시트가 깊숙하게 마블링된 메이플식빵

시피로 만들어진다. 오사카 출신으로 일본에서 30년 넘게 최고의 베이커로 활동해온 마에자와 츠토무는 '무짱'이란 애칭으로 더 많이 알려져 있다. 그는 한국에 자신의 빵을 소개하고 싶다며 무작정 한국행을 선택할 만큼 우리나라에 대한 애정이 남다르다. 열다섯 살 때부터 빵을 만들었다는 그는 화려한 메뉴보다 기본에 충실한 빵을 중요하게 생각하다 보니 방부제나 첨가제를 일체 사용하지 않은 건강하고 맛있는 빵을 선보인다.

기본을 중시하는 제빵 디렉터의 영향 때문인지 카페두다트의 베이커리 메뉴 중 의외로 식빵류의 인기가 뜨겁다. 부드러운 생크림과 고소한 버터를 넣어 반죽한 생크림식빵과 일본에서 유명한 일신제분의 노하우를 그대로 재현해 탄력감이 넘치는 수퍼소프트식빵, 생크림에 커피시럽을 배합해 향과 맛을 모두 잡아낸 커피식빵 등은 단골 손님들이 가장 먼저 찾는 명품 메뉴들이다.

특히 먹기 좋은 크기로 앙증맞게 구워낸 미니식빵은 카페두다트 최고의 인기 메뉴로 꼽히는데, 숙성 반죽을 이용해 쫀득하면서도 부드러운 식감을 살리고 치즈나 코코아 등 다양한 재료를 첨가해 디저트 메뉴로도 손색이 없다. 진한 커피 한 잔과 잘 어울리는 달콤한 메이플미니식빵은 여자 손님들이 즐겨 찾는 메뉴다. 역시 숙성한 반죽에 겹겹이 메이플시트가 깊숙하게 마블링되어 부드러우면서도 탄력 넘치는 식감에 기분 좋은 달달함을 더했다. 포장지를 뜯자마자 메이플시럽 특유의 달짝지근한 향이 가득히 배어나와 먹는 내내 감미로운 맛을 즐길 수 있다.

카페두다트의 다양한 식빵들

입 안 가득 번지는 부드러움
크림빵

―

만나역
MAN NA YEAK

부드러운 커스터드 크림으로 속을 채운 크림빵은 웬만한 베이커리는 물론 대형 제과업체에서도 제품화할 만큼 대중적인 빵 종류 중 하나다. 기본 빵 반죽에 크림을 넣은 간단한 형태지만 반죽을 얼마나 쫄깃하게 하느냐, 혹은 무엇으로 크림을 만들고 또 얼마나 넣느냐에 따라 같은 크림빵이지만 맛과 모양, 식감은 천차만별이다. 문을 열기도 전에 손님들이 줄을 선다는 신촌의 '만나역(Man Na Yeak)'은 크림빵의 새로운 강자로 꼽힌다.

경의선 신촌역 건너편의 작은 빵집. 한 평 남짓한 좁은 공간이라 눈여겨보지 않으면 스쳐 지나가기 십상이지만 12시만 되면 마치 신데렐라의 마법처럼 사람들이 줄을 선다. 마침내 문이 열리고 직원 얼굴이 겨우 들여다보이는 작은 창구 너머로 기다렸다는 듯 달콤한 커스터드향이 새어 나온다. 주문과 함께 갓 만든 크림빵들이 봉투에 담기고, 계산을 마치면 거스름돈이 블록기차를 타고 전해진다. 그 사소한

주소 및 전화번호
서울시 서대문구 신촌역로 35, 02-312-1114

영업시간
12:00 ~ 제품 소진시까지(매주 월요일 휴무)

대표 메뉴 및 가격
밀키문(1,500원) 크리미문(1,400원)

즐거움마저 맛있게 느껴지는 이곳은 '크림빵의 신흥 고수'로 불리는 만나역이다.

만나역이란 독특한 이름은 발음상 '만나다', '맛나다'라는 두 가지 뜻에 블록으로 직접 만든 기차역에서 아이디어를 얻어 '역'을 붙였다. 맛있는 빵과 인연을 만날 수 있는 곳이라는 의미다.

워낙 작은 매장이라 눈에 보이는 직원은 한 명뿐이지만 실제로는 서너 명이 함께 빵을 만들고 돌아가며 판매를 맡는다. 제빵 공간도 근처에 따로 마련돼 있어 새벽부터 당일 판매할 크림빵들을 직접 굽는다. 시간과 일손이 한정돼 있으니 하루에 만드는 빵은 250~300개. 대부분 오후 3~4시면 동이 난다. 정말 신데렐라처럼 '펑'하고 사라

만나역 외부 모습

커스터드생크림으로 속을 채운 크리미문

'크림빵의 신흥 고수' 만나역의 크림빵

바닐라우유크림을 가득 넣은 밀키문

만나역의 인테리어

져버리는 것이다. 한 발 늦은 손님들은 입맛을 다시며 아쉬운 발길을 돌린다.

만나역의 크림빵들은 자칫 세게 베어 물면 툭 터져버릴 만큼 속을 꽉 채운 크림이 가장 큰 특징이다. 더욱 풍성한 크림을 담기 위해 빵은 얇고 쫄깃하게 반죽했다. 크림은 기름과 화학물을 혼합한 식물성 생크림 대신 신선한 우유를 주원료로 한 유크림을 사용하며 유화제도 일체 첨가하지 않는다. 때문에 우유 본연의 향과 부드러운 질감이 입안 가득 기분 좋게 퍼진다. 크림에 보이는 작고 검은 반점은 천연 바닐라빈이라 안심하고 먹을 수 있다. 다만 크림의 비율이 높다 보니 구입 즉시 가능한 한 빨리 먹고 불가피할 경우엔 냉동보관하는 것이 좋다.

만나역의 크림빵은 커스터드생크림으로 속을 채운 '크리미문'과

달콤하고 부드러운 바닐라우유크림을 가득 넣은 '밀키문', 깊고 진한 녹차와 유크림이 환상적인 조화를 이룬 '그린문', 달콤쌉쌀한 코코아 커피필링과 부드러운 크림 그리고 치즈가 만난 '티라문' 등 네 가지 메뉴로 구성돼 있다. 이중 밀키문의 인기가 단연 높은데, 그날 아침에 만든 우유크림의 산뜻하고 달콤한 맛이 일품이다. 크림빵에 어울리는 커피도 함께 판매하는데, 대학가 근처에 자리한 만큼 가격도 저렴한 편이어서 부담 없이 크림빵의 매력에 흠뻑 빠질 수 있다.

쫄깃하게 즐기는 진한 초콜릿의 유혹
브라우니

어쿠스틱
ACOUSTIC

주소 및 전화번호
서울시 마포구 독막로2길 18, 02-6402-3724

영업시간
11:00~22:00
(토, 일요일 12:00~21:00, 매주 월요일 휴무)

대표 메뉴 및 가격
수제 브라우니(4,500원) 아이스크림 브라우니(6,000원)

케이크처럼 부드럽지는 않지만 퍼지처럼 촘촘하지도 않은, 그 중간쯤의 적당한 촉촉함과 쫄깃한 식감을 구현한 브라우니는 진한 초콜릿의 향미를 느낄 수 있는 대표적인 메뉴다. 서양에선 많은 시간과 재료가 필요한 케이크나 파이의 대용품으로 인기를 끌기 시작했다는데, 우리나라에선 부드러운 바닐라 아이스크림과 곁들인 디저트로 각광받고 있다. 합정동에 자리한 '어쿠스틱(Acoustic)' 카페는 각종 매체에서 손꼽히는 브라우니 맛집이다.

언제부턴가 디저트 카페의 주요 메뉴로 등장한 브라우니는 흔하게 맛볼 수 있지만 제대로 그 맛을 내는 곳은 찾기 어렵다. 퍽퍽하지도 가볍지도 않은 완벽한 식감의 균형을 이루기가 어려울뿐더러, 진한 초콜릿의 맛과 향을 그대로 재현하되 지나치게 달거나 씁쓸해서도 안 된다. 어쿠스틱의 주인장도 그 절묘한 맛을 손끝으로 재현하기 위해 반년 넘게 매일같이 브라우니를 만들고 또 만들었다. 그녀 역시 '이거다!' 싶을 만큼 맛있는 브라우니를 만나지 못했기에 그것은 상상의 맛을 찾아가는 과정이나 다름없었다.

여러 번 실패한 끝에 완성한 어쿠스틱의 수제 브라우니는 단단한

벨기에산 다크초콜릿으로 굽는 어쿠스틱의 수제 브라우니

어쿠스틱의 브라우니 안내판

전형적인 동네카페의 편안함과 여유로움을 간직한 어쿠스틱

질감을 유지하면서도 입에 들어가면 금세 촉촉하게 부서지는 탁월한 식감을 자랑한다. 밀가루의 비율을 낮춰 쫀득하게 씹히는 맛도 일품이다. 또 벨기에산 다크초콜릿으로 브라우니를 굽기 때문에 진한 초콜릿향이 오래도록 입안을 맴돈다. 한 덩이의 초콜릿이라고 해도 과언이 아닐 만큼 초콜릿 특유의 풍미를 잘 간직하면서도 커피 한잔에 딱 어울리는 만큼만 달콤하다. 차갑고 부드러운 바닐라 아이스크림과 곁들이면 그것 하나로 풍성한 디저트가 된다. 때문에 우연히 카페를 찾은 한 프랑스인이 현지에서 먹던 그 어떤 브라우니보다 맛있다며 엄지손가락을 치켜세웠다고 한다.

합정역 건너편의 한적한 골목길에 자리한 어쿠스틱은 전형적인 동네카페의 편안함과 여유로움을 간직하고 있다. 아기자기한 패브릭과 소품들로 꾸민 인테리어도 소박하고 다정하다. 주말엔 소문난 브라우니를 맛보러 일부러 찾아오는 이들로 분주해지지만 평일엔 단골손님들만 주로 찾는 정겹고 따뜻한 분위기가 인상적이다.

어쿠스틱이란 카페 이름은 일본의 유명 뉴에이지그룹인 '어쿠스틱 카페'에서 따왔다. 주인장이 무척이나 좋아하는 뮤지션들이라 내한공연도 빠지지 않고 챙겨봤다. 어쿠스틱의 주인장은 젊은 자매인데, 알고 보니 언니는 현재 인디밴드의 보컬로도 활동 중이다. 처음 카페에 관한 아이디어를 낸 사람도 언니다. 마침 동생은 파티시에로 일하던 터라 망설일 이유가 없었다. 여러 가지 메뉴를 욕심내기보다 가장 잘할 수 있는 메뉴에 집중하자는 생각도 자매가 똑같이 공감했다. 덕분에 어쿠스틱은 메뉴판은 단출하지만 음식 하나하나에 정성이 가득 느껴진다. 이들 자매도 브라우니를 굽는 시간이 하루 중 제일 달콤하단다.

어쿠스틱의 인테리어

쫄깃하게 씹히고 묵직하게 맛있다
베이글

훕훕베이글
HOOPHOOP

바게트가 파리의 아침을 상징한다면 베이글은 뉴욕의 아침을 책임진다. 뉴욕이 배경인 미국드라마들을 보면 큼지막한 베이글에 크림치즈를 쓱쓱 발라 아침으로 먹는 뉴요커들의 모습을 흔하게 만날 수 있는 것도 그 때문이다. 국내에는 베이글만을 전문으로 하는 곳이 많지 않지만 광명시에 자리한 '훕훕베이글(Hoop Hoop)'은 십여 가지가 넘는 다양한 종류의 베이글을 매일 구워내 아쉬움을 달래준다.

밀가루와 이스트, 물과 소금만으로 만들어 지방과 당분의 함량이 적고 소화도 잘 되는 베이글은 크림치즈나 햄 등 다양한 재료와 곁들여 먹을 수 있어 아침식사용으로 그만이다. 이스트를 넣은 밀가루 반죽을 발효시켜 끓는 물에 익힌 후 오븐에 한 번 더 구워 만드는데, 다른 빵들과 비교해 조직이 치밀하기 때문에 쫄깃하면서도 씹는 맛이 독특하다. 본래 유대인들이 만들어 먹던 빵에서 유래했으나 19세기 미국으로 전해지며 널리 퍼지게 되었고, 지금은 뉴요커들의 아침식탁에서 빠질 수 없는 빵이 되었다.

국내에서도 아침식사 대용이나 브런치 메뉴로 인기를 끌고 있기는

blog.naver.com/hoop_bagel

주소 및 전화번호
경기도 광명시 시청로 124, 02-6093-0708

영업시간
월~금 11:00 ~ 제품 소진시까지

대표 메뉴 및 가격
플레인베이글(1,800원) 통밀베이글(2,000원)
앙크림티베이글(2,400원)

달콤한 통팥앙금과 쌉쌀한 녹차가 어우러진 앙크림티베이글

하지만 베이글만을 전문으로 하는 베이커리는 그리 많지 않다. 지난해 자연주의 베이글 베이커리를 표방하며 문을 열어 순식간에 입소문을 타게 된 훕훕베이글은 대형 프랜차이즈 베이커리에선 흉내 낼 수 없는 묵직한 밀도와 쫄깃한 식감으로 명성이 자자하다. 경기도 광명의 한적한 주택가에 자리하고 있지만 저녁이면 수백 개의 베이글이 자취를 감출 만큼 인기가 대단하다. 서울은 물론 지방에서 주문해 먹는 단골손님들도 적지 않다.

훕훕베이글은 '미스 베이글'이란 애칭으로 불리는 젊은 여주인이 홀로 베이글을 굽는데, 불과 2년 전까지만 해도 평범한 직장인이었던 그녀는 베이글 만들기에 푹 빠져 결국 자신만의 베이커리 브랜드를 냈다. 단발머리 여주인의 모습을 딴 앙증맞은 캐릭터와 영문으로 훕훕(hoophoop)이라고 적은 도장은 오동통한 모양의 베이글과 절묘하게 어울린다. 그 귀여운 모양 때문에 당장이라도 한 입 베어 물고 싶은 마음이다.

  훕훕베이글에선 시그너처 메뉴인 플레인베이글과 밥스레드의 유기농 통밀가루로 만드는 통밀베이글 외에도 다른 베이커리에선 맛보기 어려운 다양한 종류의 베이글을 낸다. 달콤한 통팥앙금과 씁쌀한 녹차가 어우러진 앙크림티베이글, 흑임자를 달달하게 졸여 속을 채운 스윗흑임자베이글, 얼그레이티를 반죽에 넣고 화이트초콜릿으로 단맛을 더한 밀크티베이글, 부드러운 크림치즈에 달짝지근한 무화과를 넣은 크리미무화과베이글 등 지금껏 먹어온 베이글과는 전혀 다른 맛의 세계가 펼쳐진다.

  뿐만 아니라 사랑스러운 핑크빛의 벚꽃베이글, 싱싱한 초록빛 자연의 맛을 느낄 수 있는 시금치베이글, 햇사과를 졸여서 만든 사과베이글 등 계절과 시즌에 따라 선보이는 한정 메뉴들도 눈길을 끈다. 최근엔 시나몬이 팡팡 터지는 바삭한 베이글칩도 선보였다.

시나몬이 팡팡 터지는 바삭한 베이글칩

단발머리 여주인의 모습을 딴 앙증맞은 캐릭터 포장

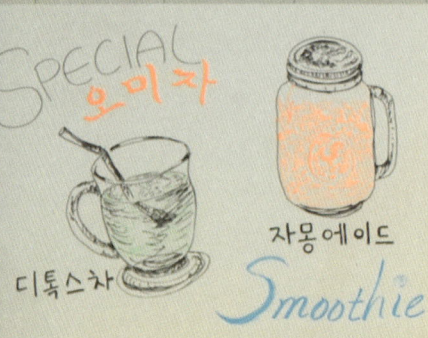

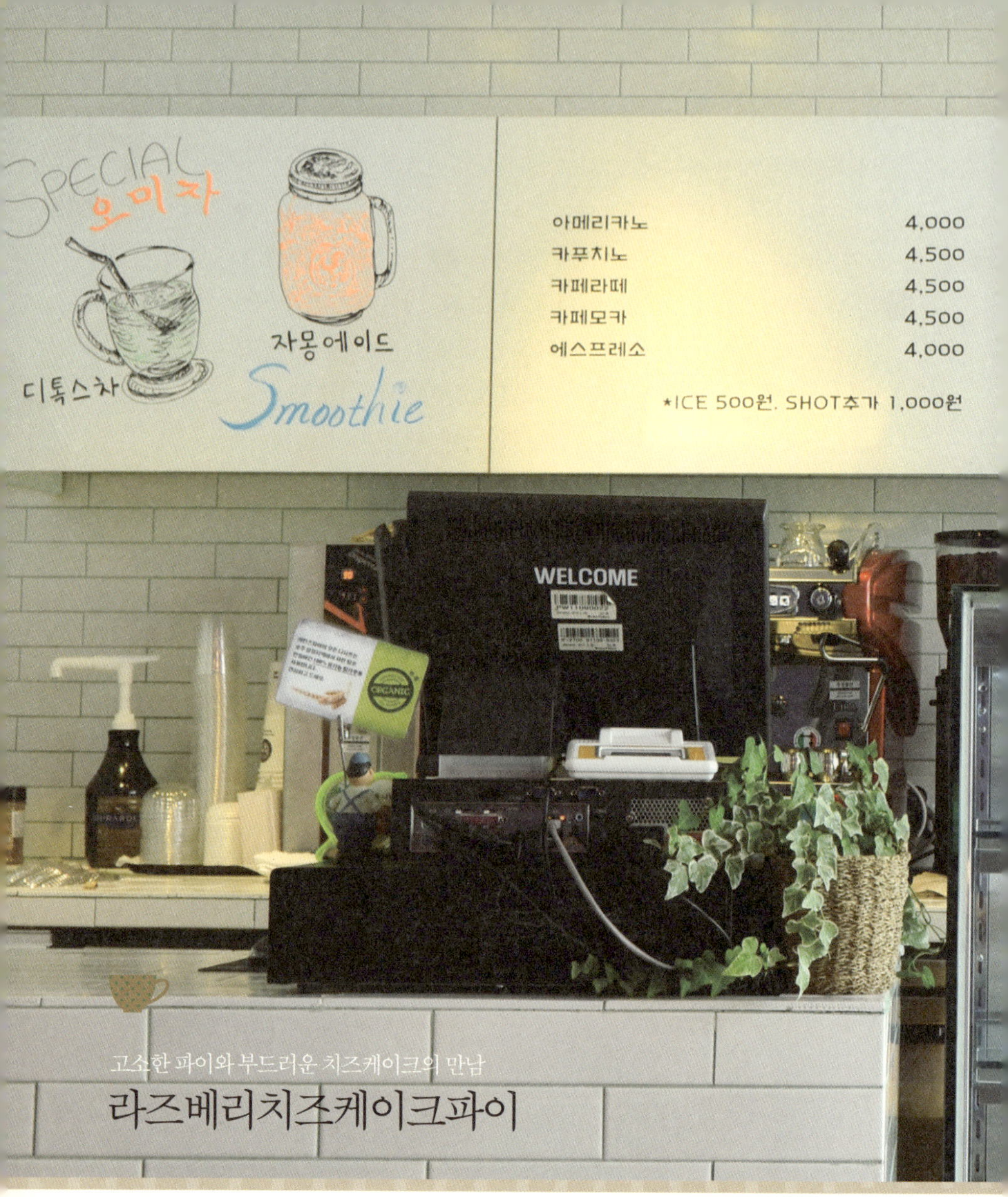
SPECIAL
오미자
자몽에이드
디톡스차
Smoothie
아메리카노 4,000
카푸치노 4,500
카페라떼 4,500
카페모카 4,500
에스프레소 4,000
*ICE 500원. SHOT추가 1,000원
WELCOME
ORGANIC

고소한 파이와 부드러운 치즈케이크의 만남

라즈베리치즈케이크파이

케빈즈파이
KEVIN'S PIE

www.kevinspie.co.kr

주소 및 전화번호
서울시 강북구 도봉로54길 6, 02-986-3355

영업시간
09:00~22:00 (매장마다 조금씩 다름)

대표 메뉴 및 가격
라즈베리치즈케이크파이, 메이플피칸파이, 뉴욕치즈케이크파이(1조각 3,900원)

미국과 유럽의 가정에서 가장 흔하게 만들어 먹는 빵 종류 중 하나인 파이는 고대 이집트의 기록에도 등장할 만큼 오랜 역사를 자랑한다. 당시 이집트인들은 견과류와 과일, 꿀 등을 넣어 파이를 구웠다고 하는데, 속재료가 더욱 다양해졌을 뿐 오늘날의 파이와 그리 다르지 않은 모습이다. 까다롭게 고른 유기농 재료들로만 파이를 만드는

애플치즈케이크파이

케빈즈파이 외부 모습

'케빈즈파이(Kevin's Pie)'는 우리 입맛에 꼭 맞춘 수제 파이로 이름을 알리고 있다.

최근 몇 년 사이 베이커리 시장의 새로운 강자로 떠오른 수제 파이. 서양에선 일상에서 손쉽게 만들어 먹는 음식이지만 국내에선 호두파이 등 일부 종류만 소개되었을 뿐 다양한 맛을 즐기기는 어려웠다. 지난 2007년 온라인몰을 중심으로 인기를 끌기 시작한 케빈즈파이는 호두와 피칸, 아몬드 등 일반적인 견과류파이를 시작으로 치즈케이크와 초콜릿퍼지, 애플파이 등 다양한 종류의 파이로 입맛을 사로잡고 있다.

케빈즈파이의 주인장은 베이킹과는 거리가 멀었던 평범한 직장인 출신으로, 미국 출장길에 우연히 맛본 파이의 맛을 잊지 못해 그때부터 원어로 된 레시피들을 찾아 직접 파이를 굽기 시작했다. 독학으로 베이킹을 익히고 그럴싸한 파이도 만들게 됐지만 정작 그 맛을 본 주변 사람들의 반응은 "너무 달다" 혹은 "너무 느끼하다"는 것이었다.

케빈즈파이의 모둠파이

상큼한 라즈베리 과육과 크림치즈의 부드러운 맛이 어우러진 라즈베리치즈케이크파이

한국인의 입맛에 맞춘 새로운 레시피가 필요하다는 것을 깨달은 그는 직장을 그만두고 1년여의 연구 끝에 독창적인 레시피의 첫 번째 '케빈의 파이'를 완성하게 된다.

케빈즈파이는 반죽부터 제품포장까지 모두 수제 방식을 고집하는데, 특히 재료에 관해선 홈페이지에 원산지를 따로 공개할 만큼 철저하게 관리하고 있어 소비자들의 신뢰가 남다르다. 호주산 유기농 밀가루와 뉴질랜드산 우유버터, 벨기에산 초콜릿, 네덜란드산 코코아가루는 물론 미국산 피칸과 미국산 유기농 블루베리, 국내산 저농약 사과 등 모든 재료를 깐깐하게 고른다. 또 설탕은 전혀 사용하지 않으며 단맛은 메이플시럽을 이용한다.

케빈즈파이의 대표 메뉴 중 젊은 여성들에게 인기가 좋다는 라즈베리치즈케이크파이는 산딸기와 비슷하게 생겨 독특한 맛과 향을 자랑하는 칠레산 라즈베리를 직접 불에 졸여서 만든다. 이렇게 완성된 상큼한 라즈베리 과육이 뉴질랜드산 크림치즈의 부드러운 맛과 어우러져 나른한 오후의 디저트 메뉴로 그만이다. 진한 커피나 쌉쌀한 와인에도 곁들이기 좋다.

이 외에도 달짝지근한 메이플시럽과 고소한 피칸이 환상궁합을 이루는 메이플피칸파이와 뉴욕스타일의 치즈케이크를 바삭바삭한 파이크러스트와 함께 즐기는 뉴치즈케이크파이, 큼직큼직하게 썰어 넣은 싱싱한 사과로 필링을 가득 채운 애플파이 등 선택의 폭이 무척 넓다. 혹시 하나의 파이를 고르기가 어렵다면 다양한 맛을 한꺼번에 즐길 수 있는 모둠파이도 준비돼 있다. 온라인몰에서 구입할 경우 주문과 함께 파이를 굽는데, 파이를 바로 맛보고 싶다면 케빈즈파이카페를 이용하면 된다.

레인보우 모둠파이

하트 모양만큼이나 사랑스러운 빵
브레첼

악소
ACH SO

주소 및 전화번호
서울시 용산구 한남동 72-1 금호리첸시아빌딩 109호.
02-794-1142

영업시간
08:00~18:00(토요일~15:00, 매주 일요일 휴무)

대표 메뉴 및 가격
브뢰첸(1,200원) 브레첼(2,300원)

각국의 젊은이들이 모여 다양한 주제로 토론을 벌이는 어느 예능 프로그램에서 독일 출신의 패널이 "독일은 빵이 맛있다"고 자랑하자, 프랑스 패널이 콧방귀를 끼는가 하면 벨기에 패널은 "독일빵은 딱딱한 돌 같다"고 비유하기도 했다. 우리에게도 독일빵은 거칠고 단단하며 낯설기까지 하다. 그러나 한남동의 독일식 빵집 '악소(Ach So!)'는 오랜 세월 묵묵히 독일빵의 매력을 손님들에게 알리고 있다.

'밥심'이라는 말이 있을 만큼 갓 지은 따끈따끈한 쌀밥은 우리에게 힘의 원천이 되어준다. 서양인들에겐 빵이 그렇다. 독일 사람들이 우리네 밥처럼 즐겨 먹는 식사빵을 브뢰첸(brötchen)이라고 하는데, 설탕이나 버터를 전혀 사용하지 않고 담백하게 구워내기 때문에 햄이나 치즈, 어떤 재료와도 잘 어울린다.

우리나라에선 보기 드물게 독일식 빵집을 표방한 악소는 이 같은 브뢰첸과 함께 하트 모양의 매듭으로 눈길을 끄는 브레첼(brezel)을 낸다. 프랑스의 바게트처럼 독일빵의 대표 주자로 꼽히는 브레첼은 밀가루와 소금, 설탕 등 기본적인 베이킹 재료들로 만들지만 반죽을 긴 가닥으로 꼬아서 특유의 모양을 낸다. 또 모양을 잡은 반죽 위에

독일대사관에서도 주문해 먹을 만큼 현지의 맛에 가깝다고 칭찬받는 악소의 브레첼

굵은 소금을 뿌리고 베이킹소다 수용액과 소금을 넣고 끓인 물에 살짝 담갔다가 오븐에 구워 브레첼만의 독특한 갈색을 만든다. 이렇게 완성된 브레첼은 겉은 바삭하고 속은 부드러우며 짭짤하면서도 담백한 맛이 어우러져 곁들이는 음식 없이도 맛있게 먹을 수 있다. 독일 사람들은 짭조름한 브레첼을 맥주와 함께 즐겨 먹는데, 매년 열리는 세계적인 맥주 축제 중 하나인 옥토버페스트에 빠지지 않고 등장하는 메뉴가 바로 브레첼이다.

또한 독일 사람들은 브레첼을 행운과 신앙심의 상징으로 여겨 새해가 되면 어린이들이 브레첼을 목에 걸고 한 해의 안녕을 기원하기도 했다. 브레첼의 독특한 모양은 기도하는 어린이들의 팔 모양을 따서 만들었다는 이야기도 전해진다. 지금도 독일 일부 지역에서는 사순절(그리스도교에서 부활절을 앞두고 40일 동안 행해지는 재기) 기간에 브레첼을 먹는다고 한다.

악소의 주인장은 독일에서 유학생활을 하던 건축학도로, 담백한 독일빵의 매력에 빠져 한국에서 10여 년 가까이 독일빵집을 운영하고 있다. 흰 밀과 호밀, 잡곡으로 만든 것은 물론 호박씨와 검은깨 등을 올려 고소한 식감을 더한 여러 종류의 브뢰첸을 매일 구워낸다. 처음엔 손님들도 "이 빵은 어떻게 먹어야 하느냐"며 낯설어했지만 지금은 아침 일찍부터 브뢰첸을 종류별로 잔뜩 사가는 단골손님들이 줄을 잇는다. 독일대사관에서도 주문해 먹을 만큼 현지의 맛에 가깝다는 칭찬도 자자하다.

　매장 내에는 테이블이 몇 개 놓여 있는데, 손님들의 취향에 따라 브뢰첸에 독일식 햄인 슁켄과 독일식 고다치즈, 에그프라이 등을 곁들여 내는 메뉴도 선보인다.

취향에 따라 햄과 치즈 등을 곁들여 내는 브뢰첸　　악소 내부 모습

달콤하고 부드럽다
카스텔라

키세키
KISEKI

www.kiseki.co.kr

주소 및 전화번호
서울 마포구 홍익로 2길 27-22, 02-3144-8747

영업시간
12:00~21:00

대표 메뉴 및 가격
오리지널(Full 13,000원 Half 7,500원)
녹차(Full 15,000원 Half 8,500원) 초코(Full 14,000원 Half 8,000원)

카스텔라를 한 입 베어 물면 그리운 유년시절의 추억이 달달하게 되살아난다. 달걀을 듬뿍 넣어 굽는 카스텔라는 어린 시절 대표적인 영양간식이었기 때문이다. 본래 스페인의 한 지방에서 유래한 카스텔라는 일본 나가사키로 전해지며 독자적인 맛과 풍미를 지니게 됐다. 나가사키식 카스텔라는 부드러운 식감과 달콤한 맛이 특징인데, '키세키(Kiseki)'는 일본 장인에게서 직접 전수받은 카스텔라를 국내에 선보여 화제를 모았다.

거품을 낸 달걀에 밀가루와 설탕 등을 버무려 구운 카스텔라는 스

키세키 내부 모습

쫀득하고 묵직한 식감이 특징인 키세키의 나가사키 카스텔라

페인의 카스티야(Castela) 지역에서 만들어 먹던 빵에서 유래됐다. 이후 유럽인들이 즐겨 먹던 카스텔라가 16세기 포르투갈 선교사들을 통해 일본 나가사키로 전해졌고, 다른 유럽의 디저트들과 달리 유제품을 사용하지 않는 카스텔라는 현지인들의 입맛에 쉽게 녹아들었다. 오븐이 없었던 일본인들은 가마를 이용해 카스텔라를 구웠고, 과자 제조가 성행했던 에도시대에 이르러 부드럽고 달짝지근한 지금의 나가사키식 카스텔라가 완성되었다. 당시 기록에 따르면 결핵 등의 질환으로 체력이 약해진 환자들에게 일종의 영양식으로 카스텔라를 제공하기도 했다.

지난 2011년 홍대에 처음 문을 연 키세키는 일본 장인에게서 직접 배운 오리지널 나가사키 카스텔라를 선보인다. 일본에서 개인 베이커리를 운영하며 30년 넘게 나가사키 카스텔라를 만들었던 아버지를 따라 아들이 한국에 새롭게 론칭한 브랜드로, 현재 수도권에 8개

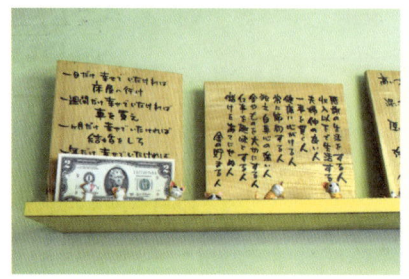 

다양한 소품들로 꾸민 키세키의 인테리어

 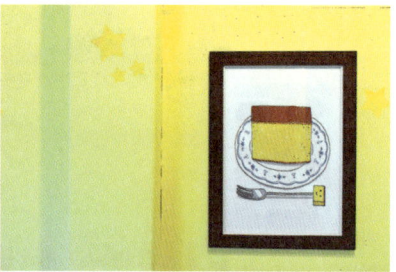

매장이 운영 중이다. 대부분 포장만 가능하지만 합정동에 자리한 '카페 키세키'에선 아기자기한 카페에서 쉬어가며 달달한 카스텔라에 키세키의 또 다른 명물인 밀크티를 함께 맛볼 수 있다. 키세키는 일본어로 '기적'을 뜻하는데, 대를 이은 깊은 맛이 고단한 일상에 지친 이들에게 기적 같은 달콤함을 전하고 있는 듯하다.

키세키의 나가사키 카스텔라는 달걀 함유량이 절반을 넘을 만큼 쫀득하고 묵직한 식감이 특징이다. 그래서 한두 조각만 먹어도 속이 든든해지는데, 특히 아이들에겐 신선한 우유에 찍어 먹도록 하면 한층 부드러운 식감을 즐길 수 있다. 오리지널을 비롯해 녹차와 초코 세 가지 맛을 기본으로 하지만 계절에 따라 딸기나 홍차 등도 선보인다. 단 하루에 정해진 양만 구워내기 때문에 다양한 맛을 선택하려면 일찍 방문해야 한다.

  최근 방사능 사고로 소비자들이 크게 우려하는 만큼 키세키에선 일본 식재료를 전혀 사용하지 않는다. 카스텔라의 주원료인 달걀은 방사유정란을 고집하고 국내산 유기농 재료들만을 구입한다. 또 나가사키 카스텔라는 바닥에 쌀알 크기의 설탕 결정이 가라앉아 독특한 식감을 나타내는데 이는 이태리 설탕을 사용한다. 이 외에 일체의 첨가물이나 보존료가 들어가지 않기 때문에 카스텔라는 구입한 후 빠른 시일 내에 먹는 게 좋다.

프랑스 프리미엄 디저트의 진수
마카롱과 이스파한

마카롱
MACARON

주소 및 전화번호
서울시 마포구 와우산로 111, 태화빌딩 1층
02-3144-0966

영업시간
11:00~20:00 (매주 월요일 휴무)

대표 메뉴 및 가격
마카롱 1피스(1,700원) 6피스 포장(9,000원)
이스파한(6,000원)

프랑스 고급 디저트 마카롱은 웨딩드레스를 입은 새신부 같다. 생애 최고로 빛나는 순간, 세상 밖에 나와 마음을 설레게 한다. 마카롱은 이처럼 바라만 봐도 맛이 느껴지는 최고의 디저트 중 하나다. 형형색색 쇼케이스에 화려한 마카롱의 자태로 사람들을 유혹하는 홍대 '마카롱(Macaron)'은 이름 그대로 마카롱 전문점이다. 이곳은 오리지널 프랑스 프리미엄 디저트를 완벽히 재현하고 있다.

마카롱은 다양한 재료를 활용해 상품을 선보인다. 매장 안쪽 키친에서는 마카롱의 대표 셰프인 루벤 잔 아드리안(Ruben Jan Adrian)을 비롯해 실력 있는 파티시에가 최상의 재료로 마카롱을 구워낸다. 파삭파삭하고 가벼운 마카롱 쉘 사이에 도톰하게 자리 잡은 필링. 재료의 색을 그대로 담은 마카롱은 원색으로 재료를 구분할 수 있다. 초콜릿, 바닐라, 얼그레이, 딸기, 로즈 등 17가지 마카롱 메뉴 중 계절과 재료의 상태에 따라 10여 종의 마카롱이 준비된다. 베스트셀러이자 스테디셀러는 바닐라, 딸기, 로즈, 유자 등이다.

재료의 색을 그대로 닮은 마카롱들

    바닐라 마카롱을 한 입 깨물면 매끈한 쉘의 겉부분이 파사삭하고 부서진다. 쫀득쫀득한 식감을 가지고 있는 마카롱 쉘의 속내는 촉촉하고 부드럽다. 냉장상태로 보관하지만 딱딱하지 않고 특유의 질감이 잘 유지되어 있다. 도톰히 발라진 필링은 달콤하게 입안에서 녹는다. 재료를 아끼지 않고 넣었기 때문에 풍부한 바닐라향이 감돈다. 콕콕 박혀 있는 바닐라빈이 주는 시각적인 즐거움도 놓칠 수 없다. 바삭하고 쫀득한 쉘과 부드럽게 녹아내리는 필링은 적당히 달아 입안 가득 달콤한 행복을 준다.

장미향을 첨가한 진한 핑크빛 마카롱 쉘 속에는 라즈베리향을 품은 하얀 크림과 통통한 라즈베리가 자리 잡고 있다. '로즈라즈베리마카롱'은 이름에서부터 느껴지듯 장미의 달콤하고 짙은 향과 라즈베리의 새콤함을 품고 있다. 마카롱은 그저 달기만 하다는 편견을 버리자. 재료의 향과 맛에 달콤함을 가미한 디저트임을 느낄 수 있다. 하얀 필링이 품어내는 은은한 라즈베리향을 음미하다가 라즈베리를 한 입 씹었을 때 느끼는 상큼함은 감탄을 자아낼 정도.

마카롱의 인테리어

마카롱의 쇼케이스는 마카롱 외에도 다양한 종류의 디저트로 채워져 있다. 유명 미술컬렉션에 온 듯 고급스러움을 풍기는 '이스파한'은 마카롱의 또 다른 시그너처 메뉴다. 장미향을 가득 품은 커다란 마카롱 쉘 사이에 리치 과육이 씹히는 로즈버터크림을 샌드하고 상큼한 라즈베리를 동그랗게 둘렀다. 그 위에 붉은 장미 꽃잎을 장식하여 도도하고 아름다운 자태를 자랑한다. 붉은 색감이 식욕을 자극한다. 다져 넣은 리치 과육은 씹히는 맛을 풍부하게 만드는데, 로즈버터크림의 단맛은 그리 강하지 않고 깔끔하다. 냉동라즈베리가 상큼함을 더해 단맛과 상큼함의 밸런스를 맞춘다. 각각의 성격이 다른 재료임에도 서로의 맛을 상승시키는 시너지 효과가 느껴지는 아름다운 디저트다.

장미향의 마카롱 쉘 사이에 로즈버터크림을 샌드하고 상큼한 라즈베리를 동그랗게 두른 이스파한

색색깔의 마카롱들

마카롱의 몽블랑

마카롱 내부 모습

　　마카롱 홍대점은 2012년 오픈 당시 홍대 지역에 마카롱 열풍을 불러일으켰다. 현재는 신사동 가로수길에 분점을 내어 운영 중이다. 마카롱은 비싼 고급 디저트라는 고정관념과는 다르게 마카롱의 마카롱은 착한 가격으로도 입소문이 나 있다. 1피스를 구입하면 1,700원이지만 구매 개수가 늘어날수록 피스 당 가격은 할인된다. 6피스는 9,000원으로 개당 1,500원에 구입하는 셈. 저렴한 가격에 최상의 재료를 사용해 만든 마카롱을 맛볼 수 있다는 점이 마카롱이 많은 고객들에게서 사랑받는 이유다.

일본 정통 베이커리의 그 맛
카레빵

도쿄빵야
TOKYO PANYA

www.tokyopanya.co.kr

주소 및 전화번호
서울시 강남구 논현로151길 52(가로수길점)
02-547-7790

영업시간
10:00~22:00 (부정기적 휴무)

대표 메뉴 및 가격
카레빵(2,000원) 도쿄링고(5,000원)
말차메론빵(2,500원)

    노랗고 진한 향의 카레가 쫄깃한 빵과 만난다면? 일본에서 건너온 '카레빵'은 빵 속에 카레를 넣어서 튀기거나 구운 빵이다. 1927년 도쿄 신주쿠의 110년 전통 카레집 '나카무라야'에서 처음 개발해 지금까지 일본인들의 사랑을 듬뿍 받는 국민 빵이다. 개항 후 서양 음식이 일본으로 들어오면서 카레와 커틀릿의 조합으로 탄생됐다. 도쿄의 시모키타자와 지역에는 나카무라야만큼 유명한 카레빵 전문점이 있는데 바로 '안젤리카'다. 안젤리카는 하루 천 개 이상의 카레빵이 팔려나가는 인기 베이커리로, 이곳에서 실력을 갈고 닦은 후지와라 야스마가 그 맛을 한국에 선보인 곳이 바로 '도쿄팡야(Tokyo Panya)'다.

    도쿄팡야는 일본 정통 베이커리라는 뜻을 담아 이름 지었다. 일본을 대표하는 도시 '도쿄'와, 빵을 뜻하는 스페인어 'pan(팡)', 그리고 일본어로 집을 뜻하는 'や(야)'가 합쳐져 이름에서부터 일본 베이커리의 향기가 진하게 풍긴다. 2008년 당시 한국에 흔치 않던 일본빵을 소개하면서 학동역에서 자그마하게 시작한 도쿄팡야는 시작한지 5개월 만에 손님이 몰려들었다. 이제는 TV와 매거진에서 단골로 소개하며 지나칠 수 없는 방앗간이 되었고, 수많은 입소문과 함께 신사

동 가로수길점과 여러 백화점에도 문을 열었다.

 카레빵과 메론빵, 말차메론빵, 도쿄링고가 단연 인기다. 호두레이즌은 숨은 별미! 그중에서 가장 많이 팔리는 카레빵은 일본에서처럼 튀겨서 만들지 않고, 칼로리와 건강을 생각해 오븐에 굽는 방식으로 변형했다. 처음 레시피를 개발할 때엔 시행착오를 많이 겪었다고 한다. 튀겨야 할 빵을 굽다 보니 카레 소가 묽어져 흥건하게 새어나왔던 것. 우연히 밀가루와 버터를 넣어 만든 크림스튜를 카레와 살짝 섞어보았더니 딱 적절한 농도의 카레 페이스트가 완성된 것이다. 유레카를 외쳤던 순간! 이후 곧장 도쿄팡야의 베스트셀러가 됐다. 한국형 소보루 같은 메론빵에는 메론이 없다. 가장 많이 받는 질문 중 하나가 "메론빵에는 메론이 들어 있나요?"인데, 빵의 겉모양이 비슷해 그 이름을 붙였다. 백화점에서는 메론이 들어 있지 않으면 '메론빵'이라 이름 지어 팔 수 없다는 이유로 아쉽게도 판매하지 못한

칼로리와 건강을 생각해 오븐에 굽는 도쿄팡야의 카레빵

말차가루로 만든 달달하고 부드러운 말차메론빵

도쿄팡야의 숨은 별미 호두레이즌

다는 후문이다.

　말차가루로 만든 달달하고 부드러운 말차메론빵은 세 가지 식감을 동시에 느낄 수 있다. 한 입 베어 물면 겉의 바삭한 쿠키와 속의 부드러운 커스터드와 크림이 어우러져 입안에서 아스라이 말차향이 번진다. 커피를 함께 마시면 맛의 완성!

　도쿄팡야의 두 파티시에 후지와라 야스마와 고바야시는 2012년 이곳의 레시피를 담은 책도 펴냈다. "레시피를 공개해도 괜찮나?" 하는 질문에 "레시피는 악보와 같다"고 웃으며 답한다. 누구나 쇼팽의 악보를 보고 연주할 수는 있지만, 어떤 연주를 하는가는 연주자에 따라 전혀 다르다는 것. 뉴욕에서 4년간 뮤지션의 꿈을 안고 생활했던 후지와라 씨다운 대답이다.

　신사동 가로수길점에 들어서면 주방의 모든 파티시에가 큰 소리로 인사하며 손님을 맞이한다. 빵의 반죽에 반가움과 정성이 더해져 그 맛이 오래도록 사랑받는 것이 아닐까? 도쿄팡야는 앞으로 싱가포르, 대만, 홍콩, 뉴욕에서도 선보일 계획이다. 한국을 본점으로 둔 글로벌 일본 베이커리의 성장이 기대된다.

미국 가정식 홈메이드 컵케이크
초콜릿벌스데이 & 초콜릿말차

셰리봉봉
CHÉRIE BONBON

여기 초콜릿 러버를 위한 단 하나의 컵케이크가 있다. '셰리봉봉(Chérie Bonbon)'의 초콜릿벌스데이(Chocolate Birthday). 한 입 베어 물면 포슬포슬하면서도 텁텁하지 않아 그 자체만으로도 충분히 초콜릿의 맛과 향을 느낄 수 있다. 그 위에 듬뿍 오른 진한 다크초콜릿 프로스팅은 풍부한 단맛을 지니고, 프랑스산 발로나초콜릿을 넣어 만든 컵케이크의 베이스와 잘 어우러진다. 색색으로 뿌려진 레인보우 스프링클은 보는 것만으로도 즐거운 맛있는 가니쉬.

풋풋한 초록의 말차 프로스팅이 눈길을 사로잡는 또 다른 초콜릿 컵케이크, 초콜릿말차(Chocolate Matcha)는 어울리지 않을 것 같은 초콜릿과 말차를 환상적인 커플로 재탄생시킨 컵케이크다. 발로나초콜릿을 넣은 초콜릿컵케이크 베이스 위에 말차 프로스팅을 올리고 초콜릿가루를 살짝 토핑해 산뜻한 색감이 눈에 띈다. 말차 프로스팅

주소 및 전화번호
서울시 마포구 독막로 41, 02-338-8883

영업시간
11:00~23:30(연중 무휴, 제품 소진시 영업 종료)

대표 메뉴 및 가격
컵케이크 전 제품(3,800원) 단, 시즌 메뉴(4,200원)
애플사이다(5,500원)
아메리카노(핫 3,000원 아이스 3,500원)

셰리봉봉 컵케이크들의 모형   셰리봉봉 내부 모습

은 일본산 말차가루를 아낌없이 넣어 말차의 맛을 진하게 느낄 수 있다. 한 조각을 잘라 입에 넣으면 말차크림이 사르르 녹으면서 향을 돋우고, 뒤이어 초콜릿케이크가 부드럽게 뒷맛을 잡아준다. 말차와 초콜릿의 독특한 조합은 초콜릿컵케이크를 먹을 때 느껴지는 칼로리에 대한 걱정을 싹 날릴 정도로 환상적이다. 색으로 눈을 만족시키고 맛으로 혀를 만족시키는 최고의 이중주인 셈.

합정역과 상수역 중간에 있는 셰리봉봉은 작고 달콤한 컵케이크로 가득 찬 공간이다. 오픈 때부터 지금껏 미국 가정식 홈메이드 컵케이크를 선보이고 있다. 모녀가 함께 베이커리를 운영하는데, 베이커리의 이름은 오랜 기간 미국에서 생활한 딸의 영어 이름인 셰리(Chérie)에서 따온 것. 모녀가 함께 생크림부터 캐러멜까지 모든 재료를 직접 만들고, 정성스럽케 컵케이크를 구워낸다.

셰리봉봉은 하루 일정량 컵케이크를 소량으로 생산해 판매한다. 언제나 신선한 것이 특징! 재료가 떨어지면 더 이상 생산하지 않기 때문에 원하는 컵케이크가 있으면 미리 예약을 해두는 손님도 많다. 당일 생산, 당일 판매한다는 원칙으로 그날 판매되지 않은 제품은 다음 날 매장을 장식하는 디스플레이 소품으로 사용한다. 셰리봉봉 곳곳에 보이는 컵케이크는 '어제의 컵케이크!'.

초콜릿을 활용한 컵케이크라 단연 돋보이지만, 미국식 컵케이크 하면 가장 먼저 떠오르는 레드벨벳케이크와 캐럿케이크도 역시 일품이다. 원재료를 아낌없이 넣기 때문에 재료 본연의 맛이 잘 살아 있다. 앙증맞은 당근 장식의 당근컵케이크는 국내산 생당근을 듬뿍 갈아 베이스를 만든다. 얼그레이컵케이크 역시 얼그레이티를 진하게 우려내 얼그레이향이 짙게 느껴진다. 말린 코코넛가루를 소복히 올린 코코넛컵케이크의 비주얼은 모녀가 좋은 재료를 아끼지 않고 사용한다는 것을 증명한다.

 셰리봉봉에서만 만날 수 있는 특별한 음료도 인상적. 북미에서 감기를 예방하기 위해 겨울철 즐겨 마시는 애플사이다는 사과주스에 통 계피와 통 오렌지를 넣고 끓여낸다. 원래는 따뜻하게 마시는 음료지만, 셰리봉봉에서는 아이스 메뉴로도 판매한다. 탄맛이나 신맛 없이 깔끔한 뒷맛을 지닌 아메리카노는 달콤한 컵케이크의 맛을 더 돋보이게 만든다.

국내산 생당근을 듬뿍 갈아 만든 당근컵케이크

프랑스산 발로나초콜릿으로 베이스를 만드는
셰리봉봉의 초콜릿벌스데이와 초콜릿말차

Piece of cake, peace of mind
바나나크림파이 & 당근케이크
—

피스피스
PEACE PIECE

'피스피스(Peace Piece)'는 크림파이 전문 디저트 카페다. 입소문이 자자했던 합정동에서 연남동으로 자리를 옮겨 둥지를 틀었다. 2층 단독주택을 개조해 여러 가게들이 입점한 일종의 셰어스토어(share store), '어쩌다가게' 안이다. 무심한 듯 지나칠 수 없게 만드는 이곳엔 미용실, 카페, 책방, 신발가게 등이 어우러져 있다. 여기 피스피스의 김이연 대표는 파이를 굽고, 케이크를 만든다. 예전과 달라진 점이 있다면, 작은 주방과 판매대만을 갖춘 카페에서는 오직 테이크아웃만 가능하다는 것. 바로 옆 어쩌다라운지에서 음료를 구입하면 구입한 케이크를 먹을 수 있다.

피스피스의 대표 메뉴인 바나나크림파이와 레몬머랭파이 등 대부분의 파이 제품은 금, 토, 일요일에만 문을 여는 피스피스 매장에서 구입할 수 있다. 반면 당근케이크, 레드벨벳, 초콜릿머드파이 등 3종류의 제품은 오직 라운지에서만 구입이 가능하다. 라운지는 화요일부터 일요일의 정오부터 늦은 11시까지 운영하니, 언제든 피스피스의 달콤한 평화를 맛볼 수 있다.

www.peace-piece.co.kr

주소 및 전화번호
서울시 마포구 동교로30길 21, 어쩌다가게 105호
02-6238-1231

영업시간
피스피스 매주 금, 토, 일 오후 13:00~21:00
어쩌다라운지 화~일 12:00~23:00

대표 메뉴 및 가격
바나나크림파이, 레드벨벳, 당근케이크, 초콜릿머드파이(6,500원) 여지홍아이스티(6,000원)

초코크림 위에 두껍게 썰어낸 바나나가 빈틈없이 올라간 피스피스의 바나나크림파이

일반적으로 파이를 만들 때 보관이나 테이크아웃의 편의성 때문에 생크림에 크림치즈를 섞지만, 이곳은 타르트지를 빈틈없이 채운 필링 위에 동물성 생크림을 소복이 올린다. 바나나크림파이의 단면은 부드러움 그 자체. 단단한 파이지에 초코크림을 얇게 바르고 두껍게 썰어낸 바나나가 빈틈없이 올라간다. 그 위로 부드럽고 촉촉한 커스터드크림이 높은 파이지 윗부분까지 빈틈없이 채워졌다. 동물성 생크림으로 꼼꼼히 윗면을 덮으면 피스피스에서만 맛볼 수 있는 바나나크림파이가 완성된다. 달콤한 생크림이 파이에 대한 기대치를 높여놓으면 부드럽고 촉촉한 커스터드크림이 존재감을 드러낸다. 마치 푸딩의 질감처럼 탱탱한 커스터드크림은 파이 높이의 반 이상을 차지하고 있지만 과하게 달지 않다. 오히려 바닐라향이 진하게 느껴져 맛의 중심을 잡아준다. 바나나와 초콜릿은 두말할 것 없는 환상의

콤비. 크림이 주재료라 차갑게 먹을 때 최상의 맛을 느낄 수 있다.

라운지에서 판매하는 당근케이크는 그 높이감부터 남다르다. 도톰하게 잘린 케이크시트 사이사이에 아낌없이 발라진 크림치즈에서는 진한 치즈맛과 함께 향긋한 시나몬향이 풍긴다. 당근을 듬뿍 넣었지만, 당근 특유의 향보다 시나몬의 향이 강하게 느껴진다. 단맛이 덜해 어른들의 입맛에 맞다.

진한 단맛을 느끼고 싶다면 초콜릿머드파이를 추천한다. 하얀 생크림과 대비되는 짙은 초콜릿색의 파이는 초콜릿시트와 진득한 퍼지초콜릿으로 채워져 있어, 두 가지 맛의 초콜릿을 느낄 수 있다. 짙은 붉은색의 레드벨벳은 시각적인 즐거움을 자극한다. 은은하게 퍼지는 코코아향의 케이크시트는 포슬포슬한 식감으로 샌드된 크림치즈와의 어울림이 좋다. 어쩌다라운지에서 판매하는 여지홍아이스티와 함께 한다면 달콤한 코코아향 케이크와 향긋한 가향차의 색다른 조합을 즐길 수 있다.

높이감부터 남다른 당근케이크

초콜릿시트와 진득한 퍼지초콜릿으로 채운 초콜릿머드파이

달콤 쌉싸름한 초콜릿 사랑방
퐁당오쇼콜라

주리스쇼콜라
JULEE'S CHOCOLAT

주소 및 전화번호
서울시 강서구 공항대로41길 51, 02-6959-9575

영업시간
11:00~20:00(일요일 휴무)

대표 메뉴 및 가격
퐁당오쇼콜라(5,500원) 초콜릿 1피스(2,300원)

달콤한 초콜릿의 원재료인 카카오콩은 B.C. 1,000년부터 아즈텍족뿐만 아니라 중앙아메리카 전체에서 화폐로 이용했다. 카카오가 스페인 왕실에 헌납된 후 상류층만이 즐기는 음료로 이용하다가, 유럽 전역에 퍼져 나가 전 세계가 사랑하는 디저트로 발전한 것이다. 신의 음식이란 별명을 가진 카카오는 특유의 쓴맛이 있는데, 에스프레소의 진한 여운처럼 카카오를 즐기는 사람들이 하나 둘 늘어나고 있다. 서울시에서도 수제초콜릿 전문점이 여럿 생기면서 저마다 특색 있는 초콜릿을 선보이는데, '주리스쇼콜라(Julee's Chocolat)'는 직접 체험해보고 맛볼 수 있는 원데이 클래스로 더욱 유명세를 얻고 있다.

100퍼센트 수제초콜릿 전문점을 떠올리면 홍대, 가로수길 등의 트랜디한 거리 한가운데 있을 것 같지만 주리스쇼콜라는 등촌동 아파트 상가 2층 끝에 자리 잡았다. 실속을 택한 것. 매장 입구 도어에는 사진촬영을 마음껏 해도 된다는 메시지가 붙어 있다. 다녀간 기록을 남기고 싶은 블로거나 체험후기를 담고 싶은 누구나에게 환영받을 일이다. 카페로 들어서면 쇼케이스에 가득한 초콜릿이 반긴다. 아담한 매장 안쪽으로 아뜰리에가 있는데, 직접 초콜릿을 만드는 과정을 살펴볼 수 있어 흥미롭다.

주리스쇼콜라의 모든 초콜릿은 설탕과 색소, 인공 첨가물을 전혀 넣지 않는다. 100퍼센트 카카오버터와 엄선한 벨기에산, 프랑스산 고급 커버처를 사용하고 있다. 커버처초콜릿은 카카오 원두에서 나온 카카오버터 함유량이 30퍼센트 이상인 초콜릿을 일컫는다. 프랑스어로 쿠베르튀르 쇼콜라, 영어로 커버, 곧 피복한다는 의미다. 초콜릿은 노화방지, 다이어트, 피로회복, 집중력 증가 등 많은 효능이 있어 적당량이라면 건강한 디저트가 된다.

주리스쇼콜라의 초콜릿은 생 레몬즙이 들어가 상큼함이 가득한 르씨트롱, 카카오 70퍼센트 함량의 다크함과 생크림이 더해져 프레시한 코코아파베, 홍차와 잘 어울리는 애프터눈 밀크초콜릿 얼그레이, 초콜릿의 진한 풍미와 고급스러운 금방 장식으로 마무리된 팔레도르, 달콤한 딸기다이스가 오독오독 씹히는 스트로베리초콜릿 등

설탕과 색소, 인공 첨가물을 전혀 넣지 않는 주리스쇼콜라의 초콜릿

고급 커버처 과나하로 만들어 찐득찐득하면서 진한 다크초콜릿의 풍미를 그대로 느낄 수 있는 퐁당오쇼콜라

열다섯 종류의 다양한 초콜릿을 만나볼 수 있다.

초콜릿을 직접 녹여 만든 음료도 함께 즐길 수 있는데, 카카오 함량과 들어가는 재료에 따라 다양한 풍미를 느낄 수 있다. 그중에서 퐁당오쇼콜라는 고급 커버처 과나하로 만들어 찐득찐득하면서 진한 다크초콜릿의 풍미를 그대로 느낄 수 있다. 이름처럼 초콜릿의 매력에 퐁당 빠질 수 있는 메뉴다. 조심스럽게 한 입만 먹어도 달달함이 그대로 전해진다.

이곳은 원데이 클래스가 유명하다. 내 손으로 직접 만드는 수제초콜릿을 경험할 수 있다. 간단한 레시피로 초콜릿을 만들어 선물하거나 취미 생활로 아이와 함께 배울 수 있다. 키즈반, 원데이반, 취미반으로 나뉘며 카페에서 운영하는 블로그에서 스케줄을 확인하면 된다. 매장 바로 앞으로 비즈니스룸도 따로 구비되어 있다. 만 원 이상 구매하면 2시간 동안 이용할 수 있는데, 아파트 단지 내 사랑방이다.

컵케이크 같은 달콤함
타르트 & 파이

—

엘리스파이
ELIE'S PIE

타르트는 파이지 위에 속 재료가 훤히 드러나는 프랑스식 파이다. 타르트지 위에 채워 넣은 재료에 따라 풍미도 천차만별. 그중에서 가장 대중적인 에그타르트는 페이스트리의 바삭함과 달걀크림의 부드러움을 동시에 즐길 수 있는 디저트. 에그타르트의 명소 포르투갈, 홍콩, 마카오 등을 여행하면 각 지역마다 색다른 맛을 느낄 수 있다. 포르투갈식은 겹겹이 부서지는 페이스트리 반죽에 커스터드크림을 가득 채웠고, 바삭하게 부서지는 타르트 맛과 달걀 크림의 진한 풍미를 느낀다면 홍콩식이다. 여기 '엘리스파이(Elie's Pie)'는 컵케이크와 같은 높이감으로 여의도와 교대에서 그 이름을 알리고 있다.

2007년 여의도 홍우빌딩에 터를 잡은 엘리스파이는 매장 2층에서 직접 만드는 다양한 타르트를 선보인다. 손꼽히는 수제파이와 타르트 전문점이다. 매장에는 30여 석의 좌석이 마련되어 평일에는 직장인들의 출출함을 달래는 카페로, 주말에는 가족들이 편안한 옷차림으로 찾을 수 있는 동네빵집이다. 종류가 다양하고 가격도 저렴한 편

www.eliespie.co.kr

주소 및 전화번호
여의도점
서울시 영등포구 국제금융로 78, 홍우빌딩 1층
02-784-8243
서초점
서울시 서초구 서초대로 350, 서초동아빌라트
2타운 102호, 02-521-8243

영업시간
09:00 ~ 22:00(연중 무휴)

대표 메뉴 및 가격
에그타르트(1,800원) 넛츠타르트(2,200원) 말발굽파이(1,800원) 크림가득파이(3,800원)

이라 누구나 부담 없이 타르트와 파이를 즐길 수 있다. 보통 인기 있는 베이커리는 오후면 제품이 품절돼 발길을 돌리는 경우가 많은데, 이곳은 2층에서 마감시간까지 빵을 공수해주기 때문에 안심하고 찾을 수 있다.

시그너처 메뉴인 에그타르트는 푸딩 느낌의 필링이 가득 차 있는데, 두부 썰리듯 말랑말랑하다. 컵케이크 모양이라 두 손에 들고 푸딩처럼 에그크림을 퍼먹고 페이스트리는 조금씩 떼어먹기에 좋다. 부드러운 식감이지만 깔끔하면서도 지나치게 달지 않다. 타르트 특유의 바삭한 질감은 약한 편이다. 파이는 냉장 보관되어 차갑다. 갓 구워진 느낌을 원하면 매장에서 30초 정도 데워준다. 넛츠타르트는

푸딩 느낌의 필링이 가득 차 있는 에그타르트

엘리스파이의 말발굽파이

앨리스파이의 크림치즈타르트

아몬드, 호두, 마카다미아가 들어 있고 고소한 견과류 토핑이 함께 되어 있다. 엘리스파이의 모든 타르트는 우유생크림과 천연 바닐라 빈을 사용해 안심하고 먹을 수 있다. 색소와 방부제가 들어 있지 않아 구입한 후엔 최대한 빨리 먹는 편이 좋다. 파이류는 오전 9~10시, 타르트는 오후 1시에 오면 가장 최상의 맛을 볼 수 있다. 취향대로 원하는 타르트를 골라 선물해도 좋다.

타르트뿐만 아니라 나비파이와 애플파이 등도 꼭 함께 맛볼 메뉴다. 집는 순간 묵직함이 느껴지는 애플파이는 얇고 쫄깃한 파이지에 사과 필링이 듬뿍 들어 있다. 부드럽고 달콤하다. 귀여운 동물 모양의 쿠키도 다양하게 있어 아이들도 좋아한다. 프랑스에서 제빵학교 INBP를 수료하고, 자격증을 취득한 이유란 대표는 여의도점에서 2013년 교대점까지 확장하고 나섰다. 매장에 따라 파이 종류가 다르지만, 어디서나 에그타르트의 맛은 동일하게 느낄 수 있다.

정통 포르투갈 에그타르트를 만나다
에그타르트

파스텔 드 나따
PASTEL DE NATA

여행에서 오감으로 체험한 '맛의 경험'은 최고의 기억을 선사하기 마련이다. 여기, 서울을 여행하면서 포르투갈을 느낄 수 있는 특별한 기회가 있다. 페이스트리의 바삭함과 달걀크림의 부드러운 만남. 유럽 서남부 이베리아 반도 끝에서 대서양과 마주한 포르투갈 정통 에그타르트가 '파스텔 드 나따(Pastel de Nata)'에서 그대로 재현되어 있다. 홍콩, 마카오에서도 에그타르트의 정통성을 인정받지만 포르투갈은 겹겹의 얇은 페이스트리가 주는 바삭한 식감이 특징이다.

파스텔 드 나따는 에그타르트의 포르투갈식 명칭. 200년의 전통적인 방식으로 에그타르트를 생산하고 있다. 갓 구워 나온 따듯한 에그타르트는 바삭바삭한 페이스트리와 달콤한 에그 필링이 환상적인 조합을 이룬다. '디저트'라는 이름이 가진 바삭함, 달콤함, 부드러움을 한 번에 충족시킨다. 에그필링의 윗부분이 살짝 탄 듯 보여 오해하는 고객도 종종 있는데, 이는 자연스럽게 캐러멜라이징된 것. 홍콩식

www.eggtart.co.kr

주소 및 전화번호
서울시 종로구 윤보선길 31, 1층, 02-733-2979

영업시간
10:30~19:30 (추석, 설날 당일 휴무)

대표 메뉴 및 가격
에그타르트(2,200원) 초코타르트(2,500원)
호두타르트(2,500원) 고구마타르트(2,200원) 단호박타르트(2,200원) 애플시나몬(2,700원)

파스텔 드 나따(안국점) 간판

전통 포르투갈식 에그타르트를
그대로 재현한 파스텔 드 나따의
타르트들

에그필링의 겉면이 캐러멜라이징된 파스텔 드 나따의 에그타르트

에그타르트는 겉면을 샛노랗게 굽지만 포르투갈식 에그타르트는 에그필링의 겉면이 캐러멜라이징된 것이 정석이다.

  부드럽고 달콤한 에그타르트는 아메리카노 또는 우유와 잘 어울린다. 특히 어린아이들의 영양가 있는 간식으로 안성맞춤이다. 차갑게 먹을 경우 달걀 특유의 비린내가 느껴질 수 있기 때문에 구입한 후에는 전자레인지나 미니오븐에 살짝 데워 먹는 것이 좋다.

  파스텔 드 나따 안국점은 테이크아웃을 전문으로 하는 매장이다. 작은 매장은 한옥 내부의 구조를 그대로 유지하면서도 아기자기한 소품들로 빈틈없이 채워져 있다. 커다란 통유리창 안으로 옹기종기 모여 있는 각종 타르트들을 보면, 지나가다가도 자연스럽게 발길을 멈추게 된다. 특히 안국역점은 화제의 드라마 SBS 〈상속자들〉에도 등장했는데, 극중 여주인공 은상이 드림캐처를 구입한 곳이자 남자 주인공 탄과 은상이 재회하는 장소이기도 하다. 드라마 방영 후 안국점을 찾는 한류팬들이 부쩍 늘어 드라마에서 화제가 된 드림캐처를 판매하고 있다.

파스텔 드 나따 안국점에서는 에그타르트를 포함하여 총 7가지 메뉴를 판매한다. 고구마타르트, 단호박타르트 등의 메뉴는 포르투갈이나 홍콩에서는 맛볼 수 없는 오직 한국 파스텔 드 나따만의 타르트다. 이 때문에 외국 타르트 전문점에서 타르트의 레시피를 전수해달라는 요청을 여러 번 받기도 했다. 파스텔 드 나따는 본사에서 페이스트리를 공급받고 각 매장의 레시피에 따라 필링을 만들어 구워내기 때문에 어느 매장에서도 동일한 맛의 타르트를 맛볼 수 있다. 국내산 재료만을 사용해서 수작업으로 만드는 만큼 건강하고 영양가 높은 디저트로 손색이 없다.

원조 에그타르트를 맛보기 위해 포르투갈 리스본으로 떠나기 힘들다면 전통 포르투갈식 에그타르트를 그대로 재현한 파스텔 드 나따의 에그타르트가 멋진 대안이 될 것이다.

파스텔 드 나따의 테이크아웃 제품 용기

파스텔 드 나따 내부 모습

인기 메뉴 알림판

파이와 만난 플루츠
후레즈타르트 & 바나나크런치

레트로나파이
RETRONA PIE

파이(pie)는 접시 모양의 반죽에 여러 가지 과일, 견과류, 고기 등을 얹어 구운 음식을 말한다. 고기나 해산물을 넣은 것은 주 요리, 과일을 넣은 것은 식사 후 디저트로 애용된다. 과자처럼 바삭한 맛과 다양한 재료들이 결합한 영양만점의 디저트다. 파이는 프랑스 디저트인 '타르트'와 비슷한 식감으로, 대중적이면서도 색다른 맛으로 젊은 층에게 꾸준한 인기를 얻고 있다. 여기 삼청동의 한적하던 골목이 주말이면 데이트 코스로 변모한 것도 '레트로나 파이(Retrona Pie)'가 한몫 하고 있다.

　　레트로나 파이는 이름에서 알 수 있듯이 수제파이와 타르트 전문점이다. 매장 앞의 자전거와 빈티지한 소품들이 아기자기함을 더하고, 레트로풍의 인테리어로 여심을 자극한다. 3층 건물 꼭대기 전면에 붙어 있는 Tart & More는 파이와 타르트 외에도 커피, 브런치, 음료 등의 메뉴를 판매하고 있다는 뜻. 타르트앤모어는 레트로나 파이의 애칭이다. 내부에 들어서면 쇼케이스에 준비되어 있는 알록달록

주소 및 전화번호
서울시 종로구 팔판길 39, 02-735-5668

영업시간
11:00~23:00(주말 11:00~22:00)

대표 메뉴 및 가격
바나나크런치(6,200원) 카페캐러멜(6,500원)
후레즈파이(6,500원)

쿠키 질감의 파이지 위에 상큼한 요거트생크림과 신선한 딸기를 가지런히 올린 후레즈타르트

한 타르트와 파이가 제일 먼저 눈에 띈다. 동경제과학교 출신의 파티시에가 직접 만드는 것들이다. 당일 제작한 제품을 당일 판매하기 때문에 맛과 신선도 모두 최고다. 파이에 올라가는 티라미수나 과일절임 모두 산뜻하고 깔끔한 맛이다. 하루에 정해진 양만큼만 판매해서, 너무 늦은 시간에 방문하면 제품이 품절돼 구매가 어려울 정도다.

그중에서 가장 유명한 인기 메뉴는 바로 '바나나크런치'. 오픈한 후 부동의 1위 메뉴다. 바나나크림과 캐러멜크림, 2가지 맛의 크림 층에 바삭바삭 씹히는 초코크런치의 식감이 살아 있다. 마지막으로 구운 바나나와 무화과가 올라가 풍성한 비주얼을 가진다. 단면을 보면 5개의 층위에 탐스럽게 구워진 바나나가 두툼하게 자리를 차지하고 있는 것이 인상적. 바삭한 타르트지 위에 초코크런치, 생크림 등이 한 입에 녹아든다. 바나나와 크림이 약간 달기 때문에 아메리카노와 함께 곁들이면 좋다. 최근 유사 제품이 많아졌지만 그 원조는 레트로나 파이다.

'후레즈타르트'는 입안에서 사르르 부서지는 쿠키 질감의 파이지 위에 상큼한 요거트생크림을 듬뿍 얹고 시럽을 살짝 묻힌 신선한 딸기를 가지런히 올렸다. 딸기 위에 뿌려진 피스타치오 조각들이 포인트. 꽤 실한 딸기가 있는데도 생크림과 파이지가 무게 중심을 잘 잡고 있다. 딸기와 크림, 타르트지까지 한 입에 먹어봐야 상큼하고 풍부한 식감을 제대로 느낄 수 있다.

이곳 메뉴는 공정이 간단치 않은데 기본적으로 3층 이상으로 구성되다 보니 시간이 꽤 걸린다. 한 층 한 층 만들고, 얼리고를 반복하기 때문. 얼리는 과정 때문에 냉동 케이크로 오해할 수 있지만 오븐에 구워서 파이와 타르트를 만드는 것이 아니라, 반죽을 하고 그 안에 크림을 채우고 크림을 얼려 만들고 있다. 제품을 구매할 때 얼어 있는 경우 20~30분 후에 맛보면 원래의 맛 그대로 느낄 수 있다.

구운 바나나와 무화과를 올린 바나나크런치

50센티미터 달콤한 말발굽
추로스

스트릿츄러스
STREET CHURROS

추로스(churros)는 밀가루 반죽을 길게 뽑아 기름에 튀겨낸 스페인 전통 요리다. 어린 시절 누구나 한번쯤 놀이공원에서 맛본 추억의 디저트다. 빵처럼 밀가루에 버터와 소금으로 반죽하고 올리브유로 튀겨내는데, 반죽과 기름의 온도에 따라 그 맛이 결정되어 스페인에서는 추로스를 제대로 만드는 사람을 장인으로 여긴다. 흔히 영어식으로 츄러스라 부르지만 정확한 스페인어 발음은 추로스다. 주로 스페인에선 아침 식사나 간식으로 즐겨 찾는데, 바삭하게 튀겨 설탕을 뿌린 막대과자를 이젠 정통 스페인 방식 그대로 만나볼 수 있다. 바로 이태원 경리단길의 명물이 된 '스트릿츄러스(Street Churros)'.

이태원 경리단길 초입으로 들어서면 어느 때고 길게 늘어선 줄을 만난다. 갓 튀겨낸 정통 스페인 추로스를 맛보기 위해 사람들이 몰린 것. 마치 놀이공원을 방불케 한다. 유러피안 디저트 전문 테이크아웃 카페인 스트릿츄러스는 반죽부터 튀기는 과정, 먹는 방법까지 스페인 전통 방식을 그대로 취했다. 말발굽 모양의 50센티미터 추로스는 스페인에서 행운을 가져다주는 상징이다. 밀가루 반죽도 26가지 곡물로 만들어냈다.

주소 및 전화번호
서울시 용산구 녹사평대로 222, 02-792-1489

영업시간
평일 09:00~23:00
주말 09:00~24:00(연중 무휴)

대표 메뉴 및 가격
추로스(2,000원) 쇼콜라(1,000원) 뱅쇼(6,000원)
쇼콜라떼(5,000원) 리얼청포도(5,000원) 소프트아이스크림(2,000원) 후레즈파이(6,500원)

주문 즉시 그 자리에서 기다란 반죽을 뽑아내 깨끗한 기름에 튀긴다. 반죽이 달궈진 기름에 닿는 순간, 바삭하게 튀겨지는 맛있는 소리가 가게 전체에 울려 퍼진다. 깔끔한 제조 과정을 볼 수 있어 재미를 더한다. 네다섯 명의 직원이 서로 부딪힐 정도로 좁지만 항상 밝고 활기찬 모습이다. 천장의 멋진 샹들리에와 세계 최초의 크림 리큐어 베일리스(Baileys)가 소박한 테이크아웃 가게의 화룡점정이다. 스페인에서는 추로스를 진한 핫초콜릿에 찍어 먹는데, 스트릿츄러스의 쇼콜라소스는 초콜릿 함량이 90퍼센트나 된다. 진한 달콤함을 느껴보고 싶다면 쇼콜라를 함께 주문해서 먹어보자.

추로스와 곁들일 음료와 아이스크림도 다양하게 구비하고 있다. 특히 스트릿츄러스만의 레시피를 가진 뱅쇼는 레드와인에 오렌지, 사과, 배 등의 과일과 계피를 같이 넣고 끓여 알코올을 증발시킨 것이다. 비타민C가 녹아 있어 겨울철엔 감기 예방에 좋은 착한 와인이다. 여름에 즐기는 아이스뱅쇼도 일품. 최근 선보인 아츄는 아이스크림과 추로스를 합친 메뉴. 롱츄는 롱블랙과 추로스를 합친 것. 뜨거운 여름에 맛보는 환상의 조합이다.

주문 즉시 반죽을 뽑아내는 스트릿츄러스의 추로스

스트릿츄러스 천장의 멋진 샹들리에와 내부 벽면

아이스크림과 추로스를 합친 아츄

정성이 담긴 안심 간식
도너츠

하라도너츠
HARADONUTS

www.haradonuts.com

주소 및 전화번호
서울시 중구 명동7길 20, 02-733-3780

영업시간
10:00～22:00 (일요일 10:00～21:00)

대표 메뉴 및 가격
하라도너츠(1,200원) 아몬드도너츠(1,500원)
크랜베리도너츠(1,500원)

어릴 적부터 즐겨 먹던 도넛은 설탕, 달걀, 우유, 이스트 등을 밀가루와 함께 반죽해 링이나 둥근 모양으로 튀겨낸 빵이다. 도넛은 19세기 네덜란드에서 기원하는데, 처음엔 빵을 만들고 남은 반죽을 둥근 공 모양으로 빚어 기름에 튀겨 먹었다고 한다. 지금처럼 링 모양의 도넛이 처음 등장한 배경에는 두 가지 이야기가 전해진다. 기름에 튀길 때 반죽의 중앙 부분이 잘 익지 않아 구멍을 뚫어 링 모양으로 만들었다는 것과 네덜란드계 미국인 한센 그레고리(Hansen Gregory) 선장이 항해 도중에 쉽게 도넛을 먹기 위해 빵을 키 손잡이에 꽂아 먹을 수 있도록 만들었다는 설이다.

명동의 중심가에서 살짝 벗어난 '하라도너츠(Haradonuts)'는 화려하고 복잡한 명동의 이미지와 달리 소담스런 모습이다. 안심 간식을 만든다는 모토와 잘 어울리는 외관. 매장은 그리 큰 규모가 아니지만, 2층에 카페공간을 따로 마련해 충분히 즐기고 갈 수 있도록 배려했다. 기본 메뉴인 하라도너츠와 함께 여러 종류의 도넛을 매장에서 만든다. 하라도너츠, 사탕수수도너츠, 검은콩도너츠 등 총 9종류의

하라도너츠의 도넛들

 제품이 있으며, 매일매일 다양한 재료로 새롭게 선보이는 '오늘의 도너츠'는 색다른 맛을 선택할 수 있도록 돕는다.
 하라도너츠는 프랜차이즈 브랜드 도넛과 비교해 다소 작다. 화려한 장식은 없지만 담백하고 소박한 맛으로 입맛을 채우는 매력이 있다. 다소 퍽퍽하게 느껴지는 질감이 씹으면 씹을수록 고소하고 촉촉하게 변한다. 빈틈없이 오밀조밀 꽉 차 있어 성인이라도 두 개면 충분히 배가 부를 수 있는 양이다. '크랜베리도너츠'는 상큼한 크랜베리 향이 가득 차 있다. 오리지널 하라도너츠에 쫄깃쫄깃하고 쫀득한 질감이 더해졌다. 콕콕 박혀 있는 크랜베리 과육은 달콤하게 도넛의 맛을 돋워준다. 오리지널 하라도너츠에 비해서 퍽퍽한 느낌이 적고 찰기가 많아 과일향이 첨가된 퓨전 설기떡 같다.

하라도너츠는 두유와 콩비지를 기본으로 8가지 안심 재료를 사용한다. 일본의 본점에서 기술을 배워 와 한국의 청정 유기농 재료로 제품을 만든다. 달걀을 제외하고는 동물성 재료가 포함되지 않기 때문에 '오보 베지테리언(달걀은 먹되 유제품을 섭취하지 않는 채식주의자)'도 충분히 즐길 수 있는 '안심 간식'이다. 다양한 채소를 재료로 첨가하여 아이들 간식으로도 안성맞춤이다. '아몬드도너츠'는 아몬드가 씹히는 질감이 도넛의 맛을 극대화한다. 견과류가 첨가되어 있기 때문에 고소함은 이루 다 말할 수 없다. 오리지널 하라도너츠에 비해 두유의 맛이 은은히 느껴진다. 첫 맛은 다소 퍽퍽한 느낌이지만 도넛 속에 적당량의 수분이 있어 심한 목 메임이 느껴지진 않는다. 절제된 단맛과 고소하고 담백함이 계속 생각나게 만든다. 아이 간식으로는 두유나 우유가, 이른의 디저트로는 연한 아메리카노 혹은 향긋한 가향차가 잘 어울린다.

다소 퍽퍽하게 느껴지는 질감이 씹으면 씹을수록 고소하고 촉촉하게 변하는 하라도너츠

부록 지역별 디저트 카페와 대표 메뉴

신촌 · 홍대 · 합정 · 상수

퐁포네뜨
생크림딸기케이크
10p

히루냥코
딸기쇼트케이크
14p

쉐즈롤
티라미스롤
18p

빌리엔젤
당근케이크
26p

몹시
오븐치즈케이크
30p

퍼블리크
푸가스올리브
38p

폴앤폴리나
화이트치아바타
48p

라두스
우유크림롤케이크
52p

안티크코코
레인보우벨벳케이크
64p

쇼콜라움
생딸기케이크
76p

플라워앤
가토쇼콜라
90p

쿄베이커리
먹물연유바게트
154p

만나역
크림빵
184p

어쿠스틱
브라우니
190p

키세키
카스텔라
210p

마카롱
마카롱과 이스파한
216p

셰리봉봉
초콜릿 벌스데이 &
초콜릿 말차
226p

피스피스
바나나크림파이 &
당근케이크
230p

 성산동 · 연남동 · 연희동

키다리 아저씨
바닐라생크림케이크
118p

피터팬제과
고구마만주
148p

토미즈베이커리
아몬드크루아상
160p

카페두다트
메이플식빵
178p

🧁 종로 · 을지로 · 명동

효자베이커리
어니언크림치즈슈곰보빵
136p

슬로우브레드에버
깜빠뉴
144p

모찌크림
아이스모찌
174p

파스텔 드 나따
에그타르트
242p

레트로나파이
후레즈타르트 &
바나나크런치
248p

하라도너츠
도너츠
256p

🧁 강남 · 반포 · 압구정 · 청담

라뜰리에 모니카
후류이아르꼬르쥬
58p

오뗄두스
크렘당주
70p

르뱅 베이커리
깜빠뉴
82p

오페뜨
캐럿쁘띠
96p

지유가오카 핫초메
초코케이크
100p

노아베이커리
달콩(크림치즈빵)
164p

도쿄빵야
카레빵
222p

 용산·이태원

더 플라잉팬 블루
초콜릿팬케이크
44p

패션 5
바움쿠헨
104p

크레마롤
오리지널크레마롤
122p

오월의 종
크랜베리바게트
140p

악소
브레첼
206p

스트릿츄러스
추로스
252p

🧁 일산 · 덕양

라미띠에
레어치즈케이크
22p

웨스트진
엘리게이터
34p

뿔라야
무화과빵
170p

🧁 여의도

브레드랩
우유크림빵
86p

엘리스파이
타르트 & 파이
238p

🧁 낙성대 · 흑석동

장 블랑제리
단팥빵
126p

나눔과 베품
딸기타르트
130p

자양동

라몽떼

크루아상

112p

 미아동

케빈즈파이

라즈베리치즈케이크파이

200p

 등촌동

주리스 쇼콜라

퐁당오쇼콜라

234p

 광명

훕훕베이글

베이글

196p